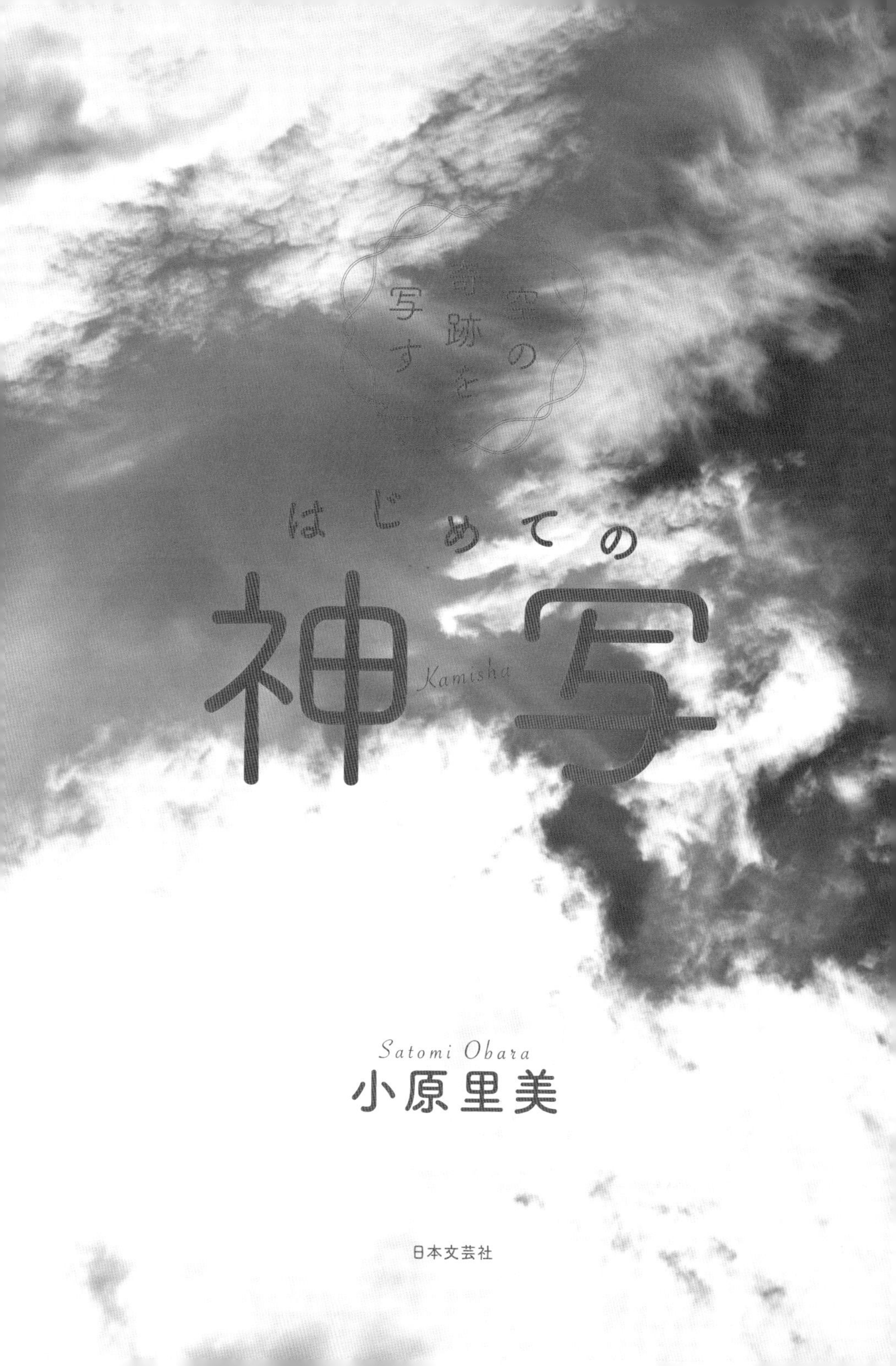

空の奇跡を写す

はじめての神写

Kamisha

Satomi Obara

小原里美

日本文芸社

空想上ではなく、現実に龍はいる。

杉山歯科
5F
大木皮ふ科
3F

見えていないだけで、鳳《ほう》凰《おう》もいる。

駅からの帰り道にユニコーン。

住宅街の空にも、天使たちが舞っている。

エネルギーのゲートや

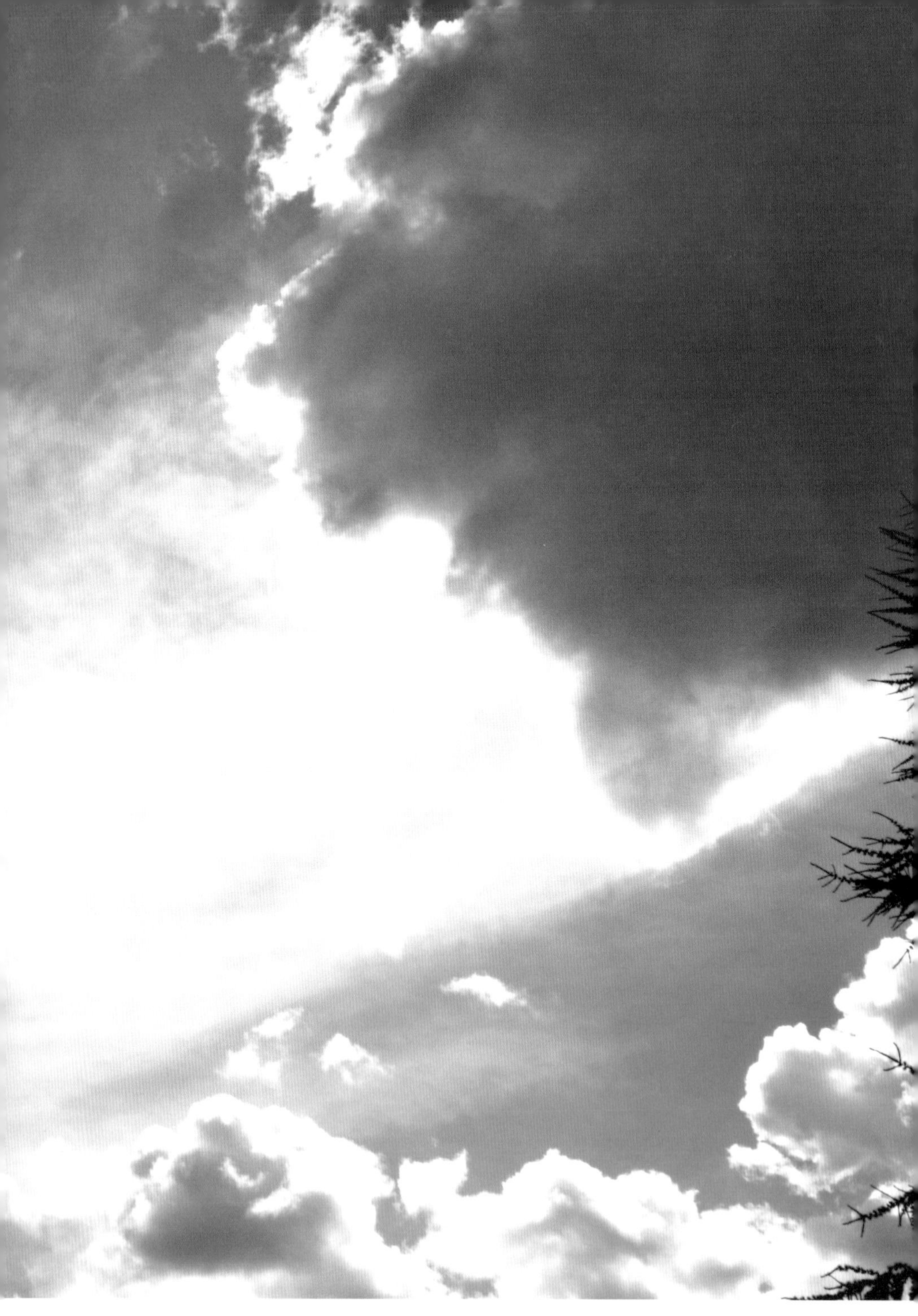

神様が姿を現し

古代の記憶と本来の自分を呼び覚ます。

え、UFOも……?

虹色の癒やしの光が、私たちを包み込む。

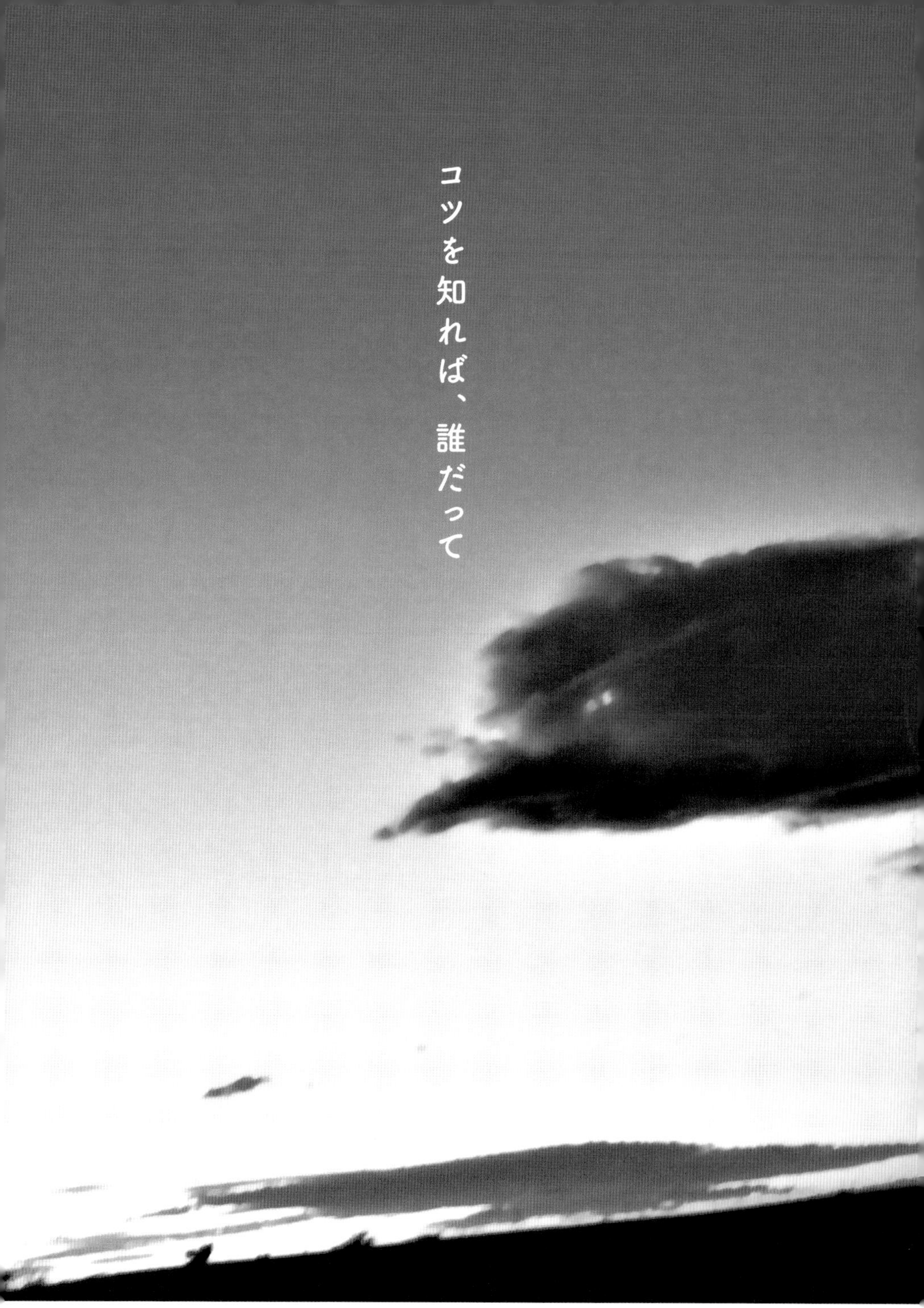

コツを知れば、誰だって

神様たちを写せます。

神様たちは
私たちのすぐそばで、
この瞬間も「エネルギー体」として
存在しています。

今は魂が目覚めやすいとき。
スピリチュアルの世界では
「目覚める」のか「眠る」のか、
未来を選択する
節目の時期と言われています。
どちらがよい、
ということではありません。
すべては自由意志のもと、
魂が体験したい世界を
選び取る世界に
なっていくのです。

その流れのなかで
本書を手にしたあなたの魂は、
きっと目覚めを選んでいるのでしょう。

眠る魂を呼び起こし、
本来の自分を
思い出すキッカケに――。

今日から「神《かみ》写《しゃ》」はじめませんか？

私には、サイキックと呼ばれるような
特別なチカラはありません。
それでもある日を境に魂が目覚めはじめ、
それから約11年間、
神様を写し続けています。
本書では、私が知っている
神様たちを写すコツをご紹介いたします！

はじめに

Introduction

はじめまして。写真家の小原里美です。
私が写真を始めたのは、中学生の頃。
実は、UFOを見たことがきっかけでした。
午前で学校が終わり、帰り道を一人で歩いていたときのこと。
まわりには、誰もいませんでした。なんだか空が気になり見上げてみると、
すぐそこに金属のような円盤型の物体がクルクルと回転していました。

「UFO……!?」

驚きとも少し異なる、とても不思議な感覚。
まるで時が止まってしまったかのように、
私は、ただただ同じ場所で同じ動きを繰り返す物体を見続けていました。
どれくらいの時間が過ぎたのでしょうか。ふと我にかえったとき
「こんなにも近くでハッキリと見えるのなら、カメラを持っていたらよかった!」
と強く思いました。

それ以降、私は常にカメラを持ち歩くようになりましたが、
再びＵＦＯに出会うことはありませんでした。

そして、ＵＦＯのことはすっかり忘れて写真を撮ることに夢中になっていったのです。

高校卒業後、私は写真の専門学校に進みました。

芸術写真を専攻し、２年目の授業で恩師となる森山大道さんとの出会いを果たします。

森山さんは、今では国を代表する写真家で世界を舞台に活躍する巨匠です。


「今のカメラはぶつかっただけでも写る。たまたま撮れた写真が名作になるかもしれない。

あっ！と感じたときにシャッターを切るといい」というのが、森山さんの教え。

映画『燃えよドラゴン』の名ゼリフを引用し、

「Don't think. Feel! 考えるな、感じろ」と言うのです。

何かを感じとる自分だけの感覚が動いた瞬間の断片を集めていくと、
モザイク画のように自分の世界観が浮かび上がってくる――。

この教えが根底にあったからこそ、
私は神様が写す「神写」というライフワークに出会えたのだと、今は思っています。

私は、子どもの頃から重度のアレルギー体質で、
とにかく毎日を生きるだけで精一杯でした。
けれど見た目にはわからないため、生きづらさを理解してくれる人は、誰もいません。
こんなにも苦しみながら私が生きる意味って、一体なんなのだろう。

手を伸ばしたのは、図書館で見つけた人生哲学としてのスピリチュアル本でした。

目には見えない世界に興味はあれど、実際に「見える」人と会うのは怖い感じがしました。

だから、占いすら受けたことがなかったのですが……。

不思議とネイティブアメリカンのシャーマンの鑑定だけは「受けてみたい」と思い、行動したのです。

「あなたはかつてネイティブアメリカンだった。開拓者から迫害を受けた時代。

生き残ったが、奴隷にされた。そのときの恐怖を引きずっているから生きているだけでも大変。

今世を生きられていない。〝重り〟を取り除いてあげる」

そう言うとシャーマンは呪文を唱えながら両手を動かし、エネルギーの浄化をはじめました。

本当にこんなので効くの!?と、疑いながらも至極冷静にシャーマンの動きを見ていた私。

Introduction

しかし、気がついたときには、すでに大号泣でした。
冷めた意識、止まらない涙。初めて体験するチグハグな状態に混乱しつつも
「やっと気づいてくれた！」と私のなかの魂が喜んでいるのが、なぜだかわかりました。
ボディとマインドとスピリットのそれぞれの存在を、初めて実感した瞬間です。

「自然界に完全な直線はない。植物は隙間に根を伸ばし、光のほうへ葉を広げる。
水は、かたちを変えながら岩に沿うようにして流れる。
そうやって前に立ちふさがるものを尊重し、歪みながら進んでいく。
人間は真っ直ぐ進むことこそが最速と考え、立ちふさがるものを変えようとするが、
自然はそうではない」と、歪みながらもゆっくりと自分らしく生きることを教え、
最後に「光を起こしなさい」と、シャーマンは語りました。

過去世の記憶が呼び覚まされ、魂は時代や国や人種や性別、宗教、職業など
を超えて、何度も生まれ変わりながら成長すると理解したこのときから、
生きづらさは消えてなくなり、体調もよくなりました。
こうして、私のスピリチュアルな道はひらかれていったのです。

スピリチュアルの世界は好きでしたが、写真と結びつけるという発想は、まだありません。

その頃の私は、まだ3次元の世界を撮影するばかりでした。

転機となったのは、雑誌の仕事で北海道を訪れたとき。

道案内をしてくれていた女性から、唐突に「龍が来た」と伝えられたのです。


あまりに突然のことで「え!?」と思いましたが、すぐに本当だと受け止めることができました。

なぜならば、目の前に浮かぶ雲が「龍」そのものだったからです。

続けて、朱雀《すざく》と鳳凰にも出会いました。

エネルギー体として存在する彼らは、雲を使って私たちにその姿を見せてくれたのです。

サイキックな能力を持たない、エネルギー体を見ることができない私でも、神様たちと出会える。

そのことがうれしくて、楽しくて……。

それからというもの、私は感覚的に「気になる」ときには空を見上げ、
必ず撮影をするようになりました。

「見える」チカラをもつ人と出会えば、そのたびに撮影した空の写真を見せて、

Introduction

ここに何が写っているのかを質問していきました。

繰り返すうちに、いくつかわかったことがあります。

私は鳥とのご縁が強いということ。

守護する存在として、鳳凰がすぐそばにいるということ。

そして、神様たちはメッセージを伝えようとしていること。

このときに受け取った鳳凰からのメッセージは、私を「目覚め」へと導いてくれました。

詳しくは、本書のなかでそれぞれお伝えしていきますね。

ところが、しばらくすると写真を見せても
「教えなくていい、と言っている」と言われるように……。
聞けば「自分でわかるようになる」ということでした。
私は、本を読んだり、関連するワークショップに参加したりして学びを深めていきました。
そのなかでスピリチュアルな能力は誰にでもあり、
磨きさえすれば眠っている能力を目覚めさせることができると知りました。

このようにして私は、自分には到底届かない、遠く、奇跡に近い存在と思い込んでいた
神様を近くに感じて、親しみをもって写すことに惹きつけられていきました。

神写を続けていくなかで、
次第に自分でも神様たちが写っていることがわかるようになっていきました。
存在が写っていることに気づいたときには、
写真をきっかけに魂の記憶が呼び覚まされることもあります。
そのひとつが、宇宙船に乗っていた記憶。
中学生の頃にＵＦＯを見たのは、偶然ではなく必然だったのかもしれません。
そして、神様たちはどのようなときに、どのような場所に出現するのか。
タイミングや前兆と思われるものも、感覚的につかめるようになってきました。
わかったことは、神様たちは誰にも知られないようにコソッと姿を見せるのではなく
繁華街であっても大勢の人がいても、神様のタイミングでフワッと出現するということ。
つまり、神様たちはいつでも私たちのすぐそばにいて、
意識を向けさえすれば誰でも気づくことができる身近な存在なのです。

私が神様たちを写すようになってから、約11年が経ちます。

Introduction

しかし、これまでは撮影した写真を公表しないでいました。
私のなかで「スピリチュアルは特殊なもの」という感覚がぬぐい切れていなかったり、これまでの写真作品との世界観のズレを気にする部分もあったり……。
はたまた以前よりもスピリチュアル感性が高まっているとはいえ、特別なチカラのない自分が神様たちの写真を発表していいのか、迷いがあったためです。

そんな私の背中を押してくださったのは、恩師・森山大道さんです。
2019年、森山さんとの雑談のなかで写真を始めたキッカケはUFOだという話になりました。
どのような反応が返ってくるか内心ドキドキしていたところ、森山さんは笑って、こう言いました。
「そういうキッカケで写真を始めた写真家が世界に一人くらいいてもいいじゃない」
受け入れられたことに驚きつつ、
森山さんが面白がってくださったことがうれしくて、
これを機に、世間の目は気にせず、表に出してみようと思うようになりました。

目の前に姿を現す神様たちは、自分に関わりがある存在であることが多く、
何かメッセージを伝えようとしていることがほとんどです。
撮影した一枚一枚の写真はなんてことないように思えても、

年単位で振り返ってみると、輪廻転生を繰り返す壮大な自分の魂の旅と、
今世に生まれてきた意味が、モザイク画のように浮かび上がってきたりするものです。

「神写《かみしゃ》」とは「神様たちの姿、エネルギーを写す」という意味。
写真のジャンルには人物、風景、ドキュメンタリー、芸術などいろいろありますが、
神様写真というジャンルができるくらい、
多くの方が神様を写すことを楽しめたらいいなと思い、親しみを込めて略しました。
自分の神様とつながるひとつの方法として神写を知って頂けたら、と思っています。
本書には龍や鳳凰、ユニコーン、天使、女神など、さまざまな存在が写っています。
いずれも神界に存在しているので、わかりやすく「神様たち」と表現しています。

神様たちはエネルギー体で存在し、エネルギーは光。
そして、カメラは光を写します。

人が感知できない光も写すので、誰でも神様たちを写すことができるのです。
神様たちが写真に写るのは奇跡ではなく、当たり前。
神様たちはいつも、私たちの近くにいるのです。
これをお伝えすることが、もしかしたら「光を起こす」ことになるのかもしれない、
といった想いも込めながら――。

Introduction

Contents

第1章

小原里美 目覚めの年表

	（写真）	（スピリチュアル）
1975	東京に生まれる。	
1990	UFOを見て写真を始める。	
1996	写真専門学校を卒業。恩師・森山大道の教えにより「感覚」で撮影をするように。	
2007	雑誌の仕事や展示などを軸に、写真作家として活動を続ける。	長年の「生きづらさ」の意味を求めてスピリチュアルの世界に興味をもつ。ネイティブアメリカンのシャーマン鑑定により過去世の記憶を思い出し、体と魂と思考の存在を知る。
2009	北海道で龍・朱雀・鳳凰を撮影。「神写」が始まる。	鳳凰に守護されていること、写る神様にはメッセージがあることを知る。

Contents

Kamisha
第2章

2009	アリゾナ・ナバホ族の居留地で「ロングウォーク」を撮影。帰路にてイーグルを写す。	過去世と深く関係する「ロングウォーク」との出会いにより、過去世と向き合う。同時に、生まれ変わりの儀式（スウェットロッジ）を体験し、今世の始まりを感じる。
2010	クラウドシップが写るようになる。	宇宙を身近に感じるように。自分の感覚で「龍」の存在に気づけるようになる。
2011	ツインレイの天使を写す。	
2014		目覚めを体験。宇宙船内の記憶を思い出し、すべてが愛であることを知る。
2017	精霊・スカラを写す。	
2019	自身のホームページやブログで「Heavenly world」と題し「神写」作品を公開、発信。	チャネラーにより自身がスターシードであることを確認。
2020	目覚めを選択。「神写」を多くの人に伝えようと本の出版を目指し、願いが叶って現在に至る。	

特別なチカラをもたない私が、
神様たちの姿を
写すようになって11年。
さまざまな「出会い」とともに
たくさんの「メッセージ」を
受け取りました。
私自身の神写作品と合わせて、
写し出された神様との
エピソードをご紹介します。

龍、朱雀、そして鳳凰との出会い

アイヌのシャーマンを取材・撮影するために、北海道を訪れたときのこと。仕事を終えた別れ際、ある場所で祈りを捧げてから帰るように言われました。

そこは昔、アイヌ民族の悲しい歴史が刻まれた場所で、今でもアイヌの魂を浄化し続けているところでした。シャーマンから「どんな祈り方でもいい。大切なのは心だから」と言われ、私なりに心を込めて祈りを捧げました。

すると、突然、道案内をしてくれた女性が空を見上げ、**龍が来た**と教えてくれました。続けて朱雀も出現。感動した私は、夢中でシャッターを切りました。

写真を見せると、朱雀とともに大勢のアイヌが写っていること、逆さにすると宇宙から見た地球になっていることも教えてくれました。

ところが帰りの車内で、道案内の女性が私の祈り方に対して怒りをあらわにしたのです。シャーマンに「どんな祈り方でも」と言われたと説明をしても彼女の怒りはおさまらず……。アイヌの魂たちを怒らせてしまったのかもと、深く落ち込みました。

〈サイキックとスピリチュアル〉
サイキックは【霊視、霊聴、霊的触感、霊的嗅覚、テレパシー、予知、ヒーリングなどの特殊能力】。
スピリチュアルは【精神性を高め、魂の本質を生きること。愛と調和と光の世界を生きる道】。

そのとき、ふと窓の外を見ると不思議な雲が見えたので、静かにシャッターを切りました。

後日気づいたのは、その雲が鳳凰であること。

サイキックな知人に見せると「今もいるよ」と、私の背後を指さします。鳳凰が子どもの頃からずっと、私を守護していると言うのです。ならば、と撮影した朱雀とアイヌの写真については「みんな穏やかな顔をしているよ。ちゃんと浄化されているね」と教えてくれました。

また別の知人は、鳳凰の写真を見て「このとき怒られていなかった？　鳳凰が大丈夫と言っている」と教えてくれたのです。そのとき初めて、自分を守護する鳳凰が一生懸命に私を守ろうとメッセージを届けていたことを知りました。

写真を撮っていなかったら、きっと今でもアイヌの魂を怒らせてしまったと思っていたことでしょう。こうして私は、写真の龍や鳳凰たちに助けられました。これは私だけではありません。**神様たちは私たちの幸せを願い、さまざまな方法でメッセージを届けている**のです。

またこのとき、サイキック能力があっても、その人の解釈によってメッセージの質や内容が変わってくるということを知りました。受け取る側も取捨選択の自由があると、スピリチュアルに生きていく上では知っておくべきことだと思います。

最初に見た龍は、とても縁起のよい宝珠をもつ翼のある龍だということが、
写真を見返すことで確認できました。

はじめての龍

アイヌの魂に祈りを捧げた直後、出会った龍。龍はおおいぬ座の恒星シリウスとの関係が深く、水のエネルギーで浄化します。なかでも、翼をもつ龍は次元が高いと言われています。

手の宝珠は「災難を除く」「願いを叶える」「財宝を手にする」と言われています。

写真にはエネルギーも写ります。宝珠をもつ龍とつながることをイメージしてくださいね。

写真解説で、時折「星」の名前が出てきます。関わりのある星は、
その星のエネルギーをもつという意味。シリウスは、知的、育成、芸術、水。
プレアデスは、愛と平和、楽しみ、火。アルクトゥルスはユーモアとヒーリング、虹。
金星は愛と美と調和など。星により性質や役割、得意分野が違い、
それぞれの星はエネルギーを使って、地球をサポートしている。

アイヌと福を招く朱雀

龍に次いで姿を現した朱雀。
朱雀の上には穏やかな顔をした
アイヌの方々も。
福を招くと言われている
朱雀とともに
祈りのお礼に来たようです。
祈りが伝わったようで、
安心しました。

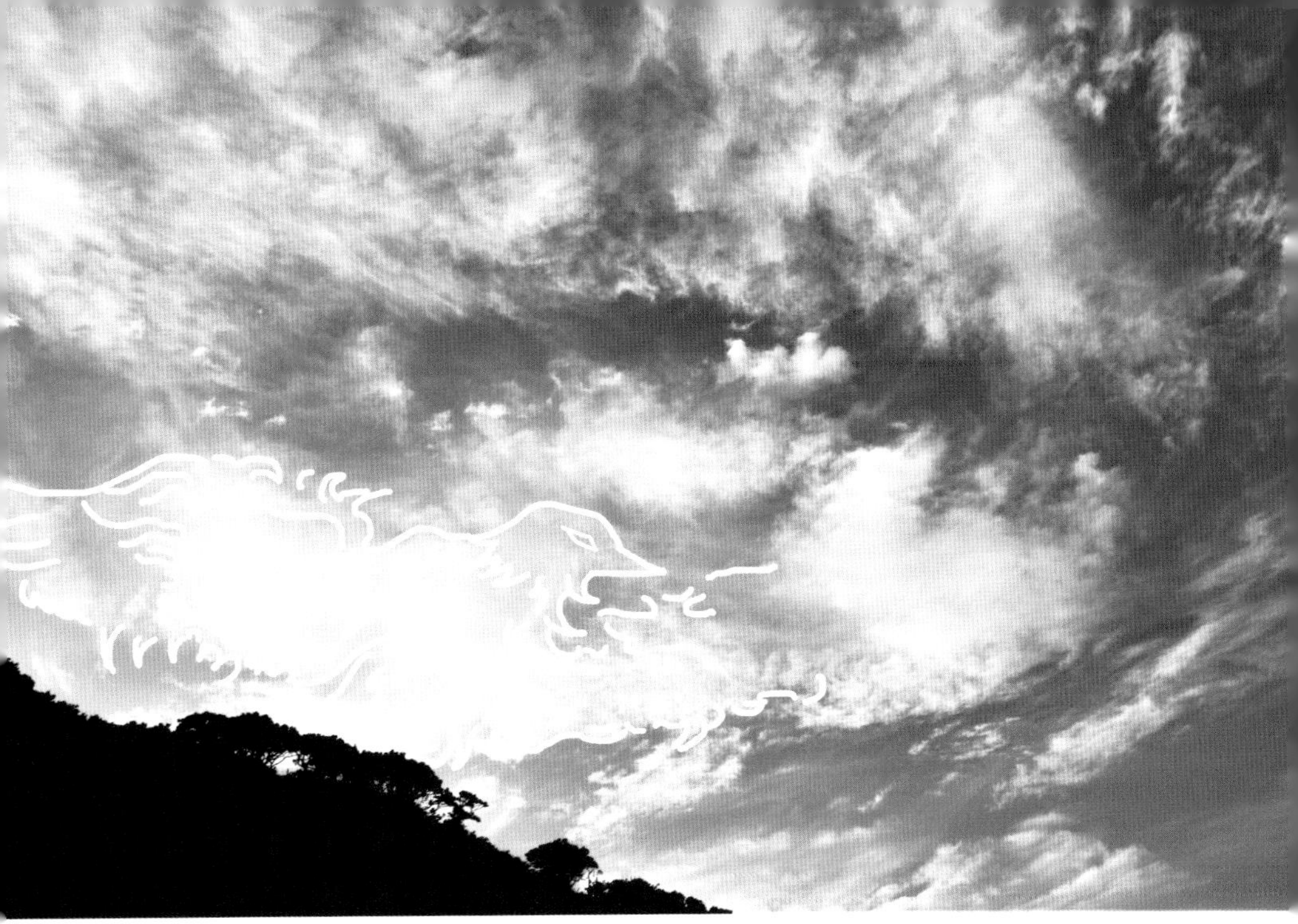

鷲《わし》にも見えますね。
アイヌ文化では、
鷲はとても偉い神様です。
また、鳥たちは
プレアデスの
エネルギーをもち、
火のエネルギーで
悪いものを払います。

守護神・鳳凰との出会い

北海道からの帰りに出会った鳳凰。この一枚から、私の「神写」が始まりました。
左下に写る電柱をもはるかに超える大きさになっています。

気づかせるため
巨大化して、
必死にメッセージを
伝えようと
していたのです。
鳳凰も朱雀と同じく、
プレアデスと
関係があります。
プレアデスは
愛と平和の
エネルギーもあります。

龍から朱雀へ
出現タイムフロー

17:36
はじめはただの長い雲のよう

17:39
徐々に
かたち作られて
いき……

17:40
顔のかたちが
見えてくる

北海道で出会った龍と朱雀。2体は入れ替わるようにして姿を見せてくれました。そのときの様子を、連続写真でお伝えします。龍から朱雀まで、約8分間です。

17:44
そこへ朱雀が
飛んでくる

P.40、41 参照

17:44
と思ったら
スッと姿を消して

17:41
目や手も
明瞭に

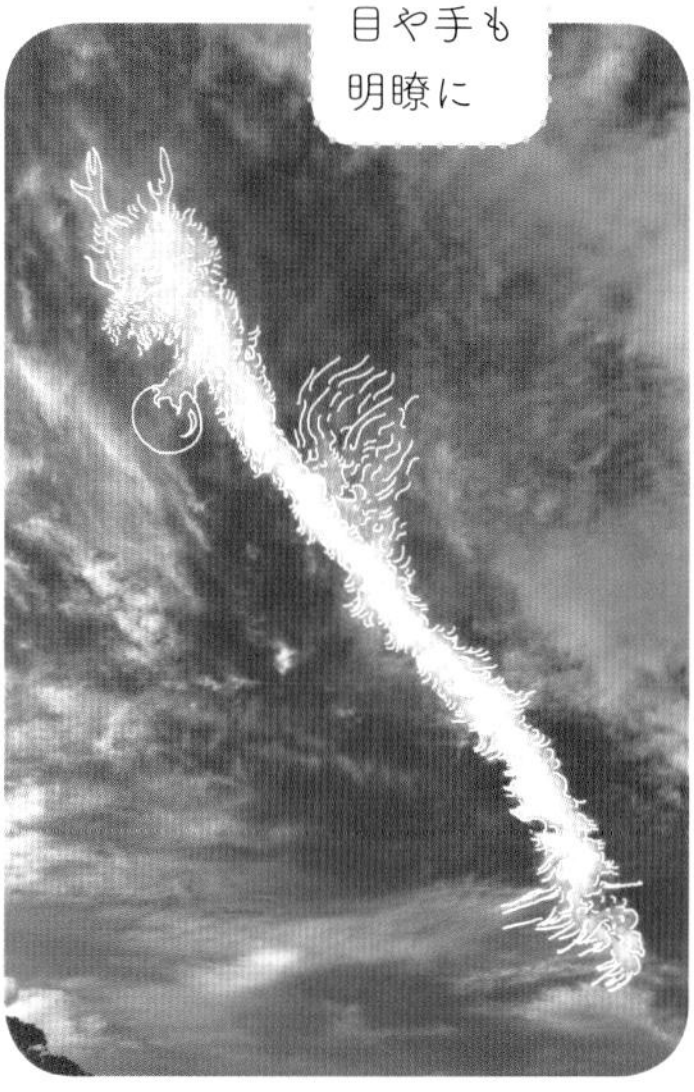

P.38、39 参照

平和と幸せの鳳凰

鳳凰は愛、美、
善、知恵、調和、
安定、繁栄、財運、成功と
多くのご利益があります。
羽根のある生き物の長で、
天と地を結びます。

鳳凰が現れる時は
徳の高い人、
優れた者が現れる、
良いことが起きる
幸せの前兆です。
平和な世にしか
出現しないので、
平和の象徴となっています。

「即位の礼」翌日の龍と鳳凰

即位の礼では、
鳳凰の文様が
多く使われていました。
写真は、その翌日。
鳳凰と龍が
一緒に飛んでいました。

龍と鳳凰が
同時に出現することを
「龍鳳呈祥《りゅうほうていしょう》」と呼び、
繁栄と幸福の
前兆と言われています。

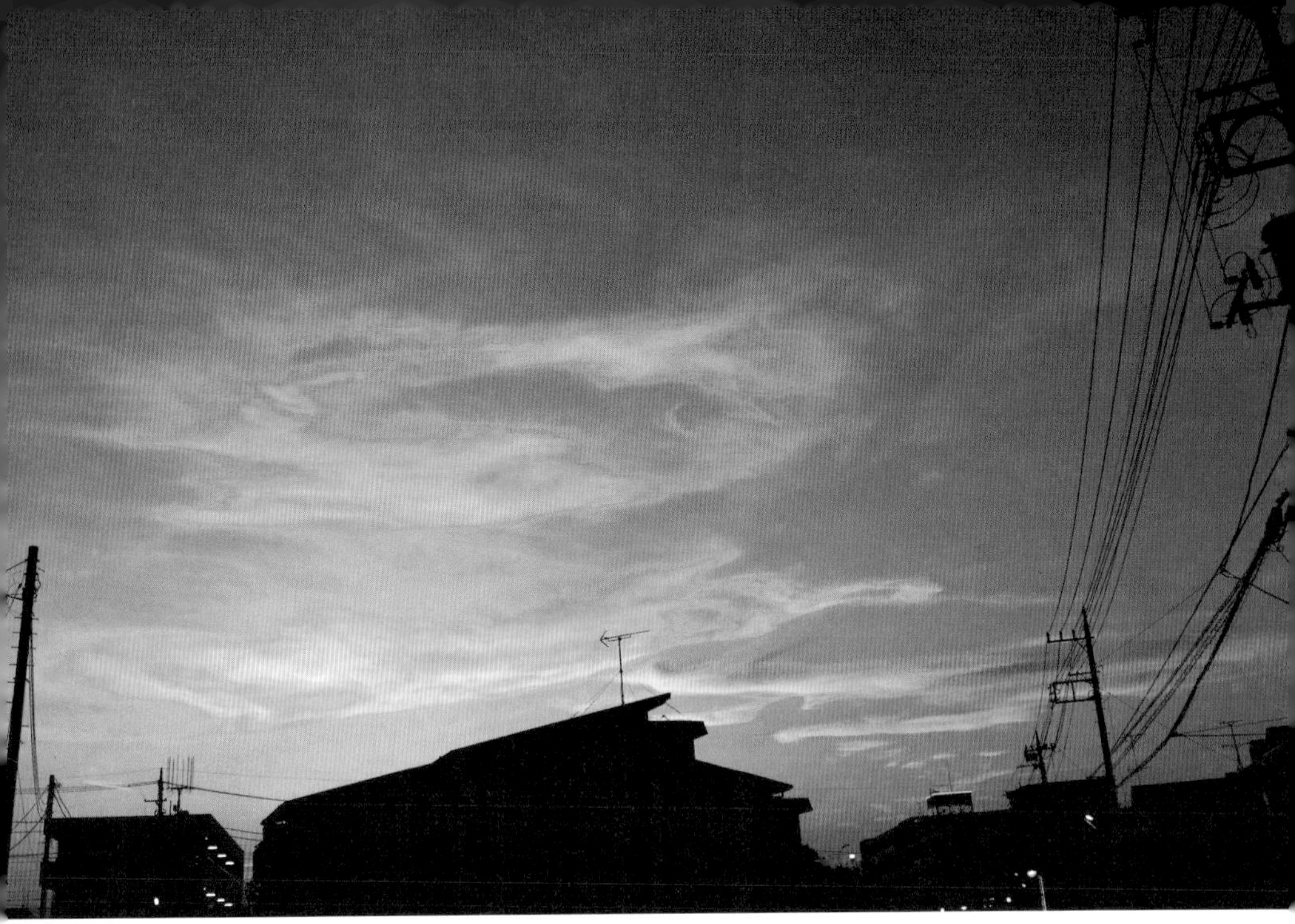

夕焼けの鳳凰

夕日で赤くなった
鳳凰は
フェニックス(不死鳥)にも
見えますが、
鳳凰とフェニックスは
違う霊鳥と言われます。

黄金と
赤いエネルギーから
「復活」の
イメージを感じます。
力強さ、
というよりも
「自分のペースで」
という感じです。

出現の前兆は「感覚」で覚えよう

エネルギー体を見るチカラをもたない私は、とにかく空を見ることで感覚を養っていきました。わかったことは、龍と鳳凰は頻繁に飛んでいるということ。ただ、私たちが気づいていないだけだったのです。

●龍……飛行機雲のような線状の雲が前兆となることが多い。実際の飛行機雲と似ているけれど、全然違う。例えるなら、飛行機雲は定規で書いた線、龍はフリーハンドで書いた味のある線。

●鳳凰……道端に羽根が落ちていると、そこに鳥がいたことがわかるように、空でも同じことが起こっている。羽のような雲を見つけたら、鳳凰が近くにいる可能性が高い。「姿を見せてください」とお願いする。鳳凰の尾羽は、特に見つけやすい。

早いとすぐに変化して姿を現しますが、1時間くらいかかるときもあります。また、顔つきがはっきりわかる完全体になることもあれば、存在がわかるくらいのときもあります。ずっと空を見ているのは難しいので、ちょこちょこ空を見る習慣をつけるといいと思います。

龍

フリーハンドで書いたような味のある線。
意思があるように変化し、
生命力のようなものを感じます。
この龍の顔は右向き。

飛行機雲

定規で書いたような直線。
時間とともに線の幅が広がり、
薄くなって消える。
無機質な感じがします。

鳳凰

右の写真から26分後に撮影。鳳凰の
特徴的な尾羽が空に広がっています。
何柱もの鳳凰が集まって、
大きな鳳凰の姿にも見えます。

羽根

羽根を見つけたときは、
近くに鳳凰がいる可能性が高い。
「姿を見せてください」と
お願いした後が、左の写真です。

チカラをもつ人であれば、雲を使わずともその存在に気づくことができます。でも、私にはエネルギー体が見えないため、神様たちは雲を使いわかりやすく姿を見せてくれるのだと思っています。こちらが気づくと神様たちもうれしい様子。次から次へと、姿を見せてくれますよ。

10:31　羽根
羽毛のような雲が空に舞っています。
当時は何か気になる、くらいで撮影してます。

ここでご紹介するのは、2010年7月18日、東京から神奈川の移動中の空で出会った神様たちの姿です。この頃は、神様たちを写すようになって約1年、龍が少しわかるかな〜?くらいでした。

ですから、龍や鳳凰たちも、私にわかりやすい姿で出現してくれていました。パチンコ帰りのおっちゃんが「龍だ」と教えてくれたのも、思い出です。

10:36　鳳凰たち
何か鳥っぽいと感じ、撮影しています。後日、鳳凰だと気づきました。

10:38　鳥
別の方向の空では、鳥だ！と気づいて撮影。しかし、いまだに何の鳥かはわかりません。
エジプト神話の不死の霊鳥ベンヌ（アオサギ）に似ている感じがします。

11:26　鳳凰たちと龍

何かがいると感じつつ、正体はわからずに撮影。後日、知人に尾羽の長い鳳凰だけ教えてもらいました。数年後、3柱の鳳凰と龍に気がつきました。青い輪郭線が龍です。

11:31　鳳凰たちと龍

再び、上の写真と同じ鳳凰たちと龍。信号待ちの人は誰も気づいていません。

11:27　龍 （P.2）

別の龍に気づいて撮影。何も飛んでないのに、飛行機雲みたいな雲が伸びました。

11:36　龍たち

７～８柱ほどの龍が確認できますが、実際はもっと飛んでいました。広角レンズで撮影しても収まらないほど。おっちゃんが「龍」と教えてくれたのは（P.58）このとき。

11:38　龍（P.22）

私が目的地に着いたとき、はっきりと姿を見せてくれました。目も歯もわかります。角がとても立派ですね。「はっきり姿を見せてください」の願いに応えてくれました。

Kamisha
column
1

龍とおっちゃん

駅を出ると空に、たくさんの不思議なかたちの雲が浮かんでいました。

「これ、龍だよね……？」

まわりに人はたくさんいましたが、誰も空を見ようとしません。私は歩いては止まり、龍たちを写していました。

前方から古い野球帽をかぶり、年季の入ったママチャリに乗ったおっちゃんが向かってきます。朝からパチンコだったようで、カゴに景品を入れてごきげんです。

私はおっちゃんが通れるように道を開けて、引き続き龍を写していました。すると、おっちゃんはすれ違いざまに「龍だよ、龍！」とだけダミ声で言い残し、振り返りもせず去っていきました。突然の出来事にびっくりです。

聖地でなくても、繁華街や住宅街で龍や鳳凰に会います。

聖人でなくても、私やパチンコ帰りのおっちゃんでも会えるのです。ただ気がつくかどうか、だけ。

空を飛ぶたくさんの龍たちを見ながら目的地に到着し、また驚きました。なぜなら、最後に龍がはっきりと顔を見せてくれたからです。立派な角。目も口もよく見えます。私がしっかり認識できるように、細部まで見せてくれたのだと思いました。

私は神様たちに会ったときは、必ず心の中で話しかけています。

「こんにちは」

「はっきりと姿を見せてください」

「姿を見せてくれてありがとう」

神様たちは私たちの呼びかけに対し、いつもうれしそうに応えてくれるんですよ。

高次元への入り口

私たちが存在する今の地球世界は「3次元」です。龍や朱雀、鳳凰たちは「4次元」の精霊界から存在し、数字が大きくなるにつれて神様や宇宙人たちが存在する次元となります。それらを「高次元」と呼びます（詳しくはP.70）。

スピリチュアルの世界では、10年ほど前から3次元から5次元へのアセンション（次元上昇）が注目されています。**今は魂が目覚めやすいとき**、とはじめに書きました。空を見ていても、変化のさなかにあるのだなあと感じるときがあります。今、まさにアセンションが進んでいるのです。

「レムリア」という言葉を聞いたことがあるでしょうか。レムリアとは、水没したと言われている伝説の大陸です。とは言っても、歴史学でも考古学でも否定されているため、学校などで習うことはありません。

でも、私にはレムリア時代の過去世の記憶もあります。

同じようにレムリアの記憶をもつ人たちは、ほかにもいます。また、宇宙のすべてを記録する「アカシックレコード」にアクセスしたり、高次元の存在に情報を受け取る人たちの話からも、スピリチュアルの世界では存在していたと考えられているのです。

レムリアの世界は、5次元です。大陸に暮らす人々には高い精神性と豊かな文化があり、日常的に龍やユニコーンたちと遊びたわむれ、神様や宇宙人たちとコミュニケーションをとって、誰もが自分らしく存在し、互いに助け合い、喜びと幸せを分かち合いながら暮らしていたそうです。

先ほど「変化の最中にある」と書いたのは、本書でも紹介しているように**龍やユニコーンを頻繁に見かけるくらいに、天と地は近い存在になっているのです。彼らが日常的に姿を見せてくれる**からです。

この世はパラレルワールドなので、実際に体験する世界はそれぞれ異なりますが、私はきっとこの先、レムリア時代の世界になっていくのでは、と思っています。

高次元への入り口のひとつとして**「ライオンズゲート」**もあわせて紹介しましょう。太陽が獅子座15度にある8月8日前後、地球と太陽とシリウスが並んでゲートが開き、宇宙の大きなエネルギーが地球に流れ込みます。**このエネルギーを上手に受け取ると、魂が浄化され、よりよい人生へシフトできる**と言われています。

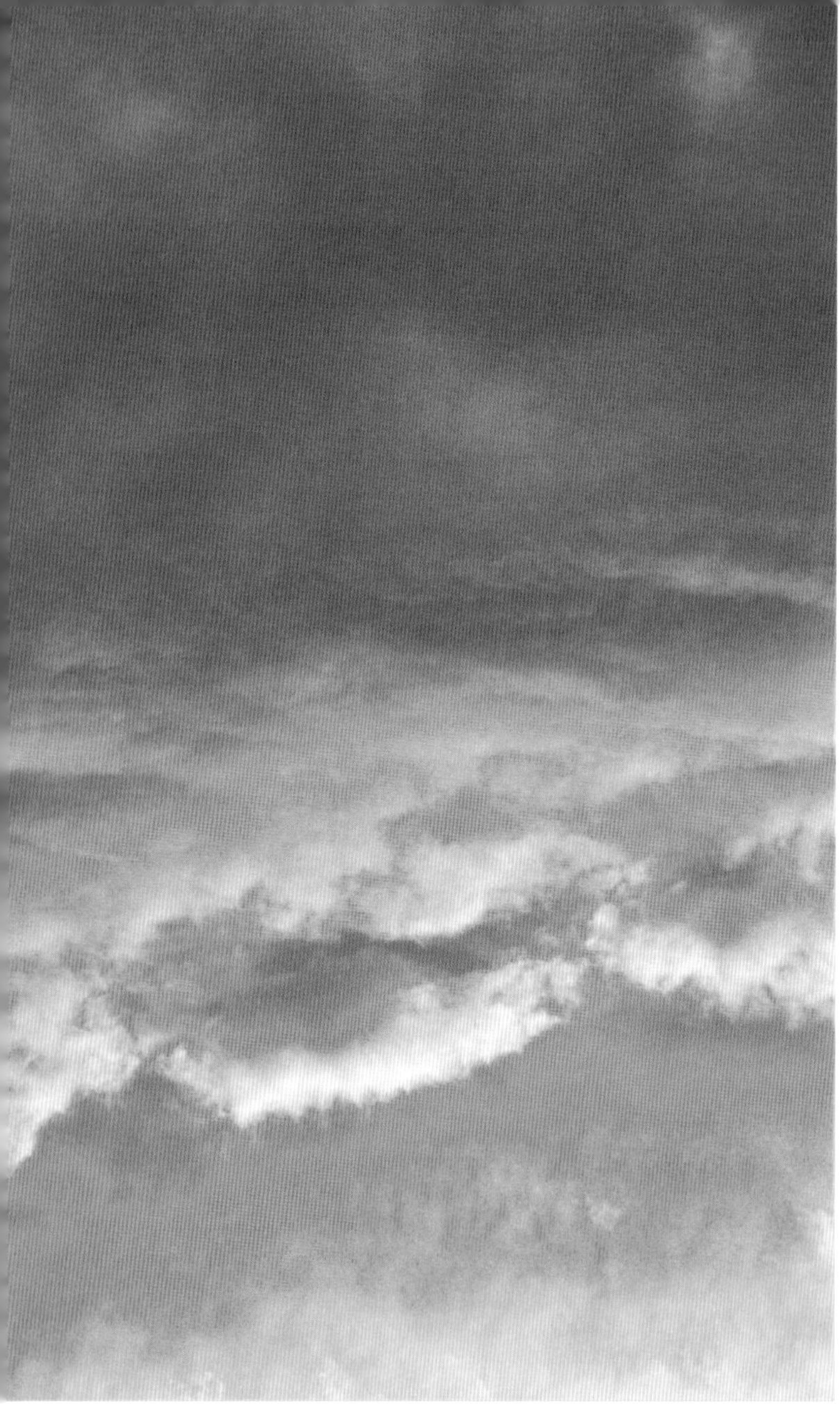

レムリアの空

愛と調和の世界だったレムリアの空と、とてもよく似ています。

日本人はレムリアの過去世の人が多いそう。この空の色を見て、懐かしく思う人もいるのでは。

レムリアの愛の色

愛により空の色も変化します。不思議ですね。ピンクと紫色の空。とても美しい光景です。

ちなみにハワイや沖縄はレムリアのエネルギーが残る地と言われています。

レムリアへ

レムリアは5次元の世界でしたが、人間たちのエゴが強くなり、高次元と低次元の分断が起きた結果、海に沈みました。今回は沈まない高次元のレムリアになると思います。

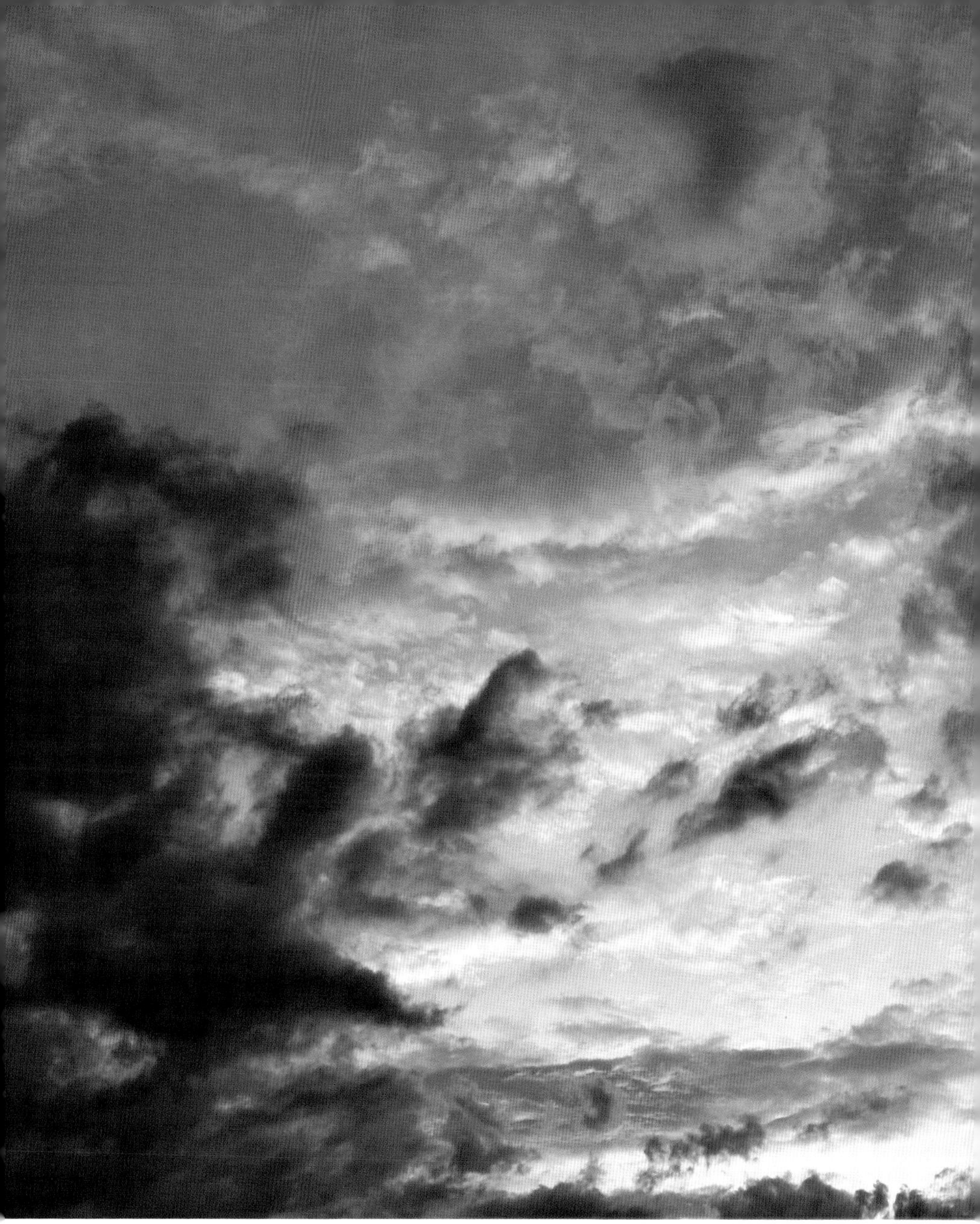

ライオンズゲート期間に見たゲート

ライオンズゲート
期間中に出現した
ケルビン・
ヘルムホルツ
不安定性の雲。
まるでゲートです。
期間中は
眠くなったり
落ち込んだり、
トラブルが
起きたり……。

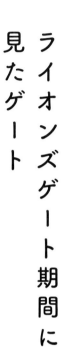

人によって様々な
反応がありますが、
たとえ
ネガティブな
出来事が起きても
大きく
浄化されて
これから
よい人生へ
シフトするのだと、
捉えます。

Kamisha column 2

3次元？ 5次元？ 初心者にもよくわかる！「高次元」解説

今の地球世界は「3次元」です。龍や朱雀、鳳凰などは「4次元」から存在し、数字が大きくなるにつれ神様や宇宙人が存在する次元となります。それらを「高次元」と呼びます。高次元と聞くと、「位が高い」と捉えがちですが、次元が高くなるほど「喜びや愛、光の量が大きくなる」「純度の高い愛になる」と捉えましょう。左のイメージイラストをみてください。「次元」と「神様たち」の存在が少しわかりやすくなるかと思います。

龍や鳳凰などの神の使いたちは、4次元の精霊界から9次元までの多次元に存在しています。種別ではなく個体によって、行き来できる次元の上下の幅が広いか・狭いかが異なってきます。高次元はエネルギーが強すぎて、直接やり取りをするには人間の肉体がもちません。ですから、神と人間を結ぶために龍や鳳凰などが神の使いとなって次元間を行き来しているのです。3次元と近い4次元に使いたちが存在してくれることは、ありがたいことですね。

チャネラーによって、次元の数字や情報が変わります。ここでは、標準と思われる数字で、解説しています。

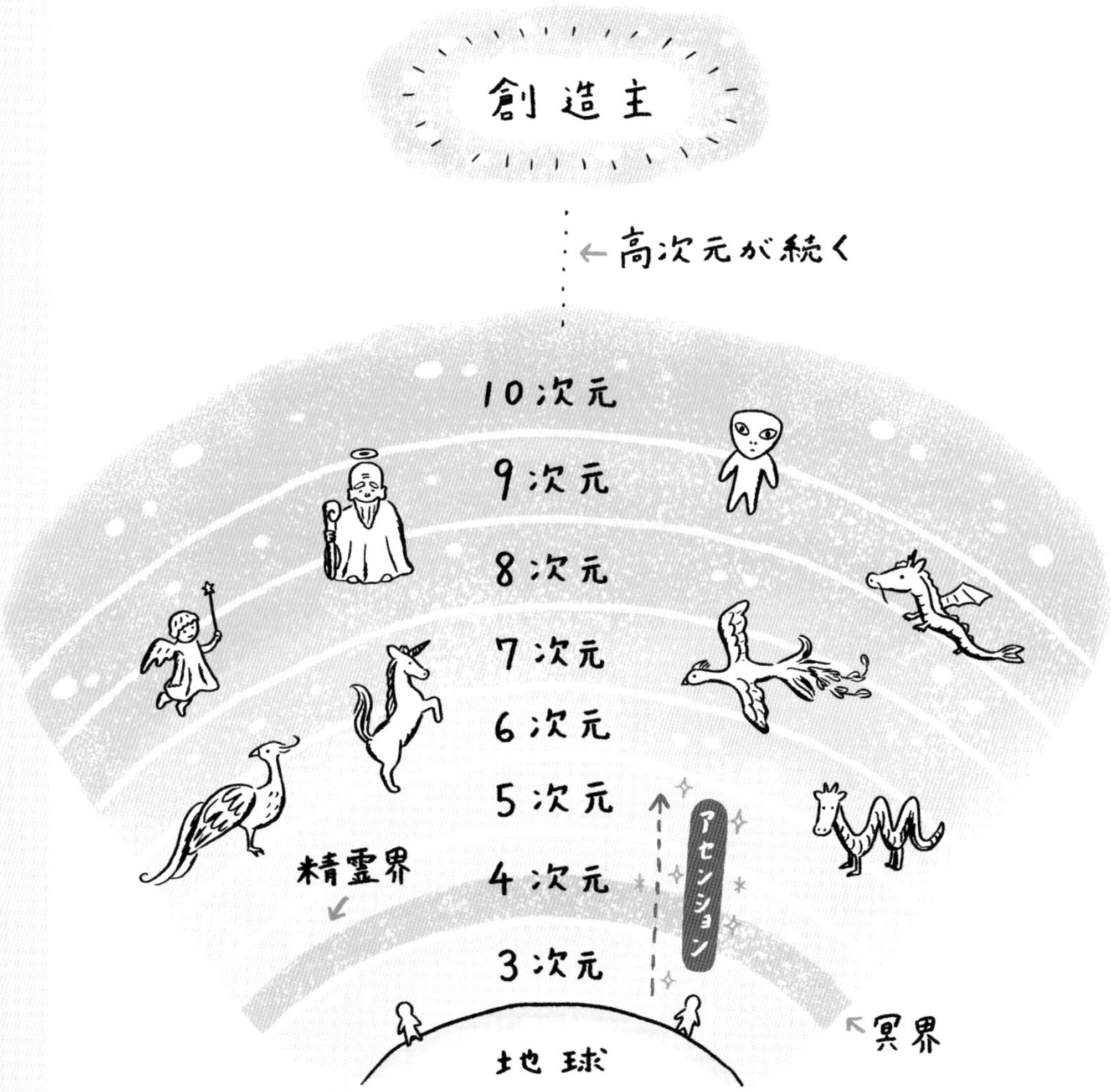

実は、人間も元は高次元にいた魂です。
3次元の地球に生まれるため、
エゴなどの重い波動を使って次元を下げ、
記憶も忘れているだけなのです。

※イラストはイメージです。

レムリアの仲間たち

龍やユニコーンたちは、レムリアに存在していました。

私に残っているレムリアでの過去世は、イルカです。空を見上げてその頃の仲間たちを見つけると、なんとも懐かしいような気持ちになります。

このパートでは、現世で見つけた仲間たちの姿をご紹介しますね。

旧約聖書にも登場するユニコーン。欧米では荒々しい生き物として言い伝えられていますが、本来はとても優しくて穏やかな性格です。今でも、子どもたちはユニコーンが大好きですよね。それはきっと、ユニコーンの本当の姿をよく知っているからだと思います。

私の過去世でもあるイルカ。イルカやクジラは、レムリア時代から存在しており、長い年月を記録する「レコードキーパー」の役目を担っています。私に遠い昔の記憶が残っているのも、その影響なのかなと思ったり……。

レムリアの人々はテレパシーを使った遠隔コミュニケーションが可能だったとか。聞けば、私も少し使えるみたいです。ワクワクしますね。

同じ海の仲間として、もちろん魚もいます。好奇心が旺盛で、何をするにも興味津々。このあと紹介する写真は、秋分の日に撮影したものです。

暦の上で節目とされている日はエネルギーが大きく動く日なので、今日は誰が姿を見せてくれるのかな?と楽しみに見上げていると「ねえ、ねえ。ボクが見える?」と近づいてきてくれました。体は大きいけれど、無邪気な子どものような様子が微笑ましくて「空を泳げるなんて、ステキね」と心で伝えると「そうでしょ〜」と得意気に応えてくれました。

エネルギーの世界は、人間の常識を軽く超えてきます。これからの時代、自由に広い空を泳ぐ魚のようにいたいなと思います。

2019年12月に私が、大嘗祭が執り行われたばかりの大嘗宮を訪れたときには、**有翼のユニコーン**(アリコーン)とともに**ダブルハートをもつ鳳凰**が姿を現しました。

龍や鳳凰はそれぞれ個性的で顔立ちが全く違うのですが、ユニコーンたちはとてもよく似ています。目が細長く、頭の形は現代の縦長の馬と違い横長です。

ちなみにイルカも同じ大嘗宮で撮影したものです。人々の喜びのエネルギーに寄ってきました。イルカはシリウスのエネルギーとつながっています。

帰路にユニコーン

7次元から存在するユニコーンは、
人助けがだいすき。
特別な場所へ行かずとも、
どこにでも、
例えば駅からの帰り道にも
ユニコーンはいます。
いつでも気軽に
お願いしてみてください。

愛と平和、希望、尊厳、
叡智をもつユニコーンは
パワフルで、深い心の傷も
光により浄化します。
また、どんなに困難なことも
乗り越える力を与えてくれます。

秋分の空を泳ぐ魚

空を泳ぐ魚は不思議ですが、
本当は制限なく
自由自在に
何でもできることを
私たちに教えてくれるのです。
どんどん枠を外して
自由になれますよ。

魚は世界各地で
幸運の象徴です。
風水でも魚は
豊かさと幸運を呼ぶと
言われています。

大嘗宮でイルカ

「水」との縁が深い
皇室の歴史的な
大行事が行われた空間を、
イルカが泳いでいました。
イルカもシリウスと関係があり、
賢く遊び心があります。

イルカは無条件の
愛を与えてくれます。
バランスや調和を保ち、
自由な発想で
人生を楽しみながら
成功へ導きます。

ダブルハートの鳳凰と有翼のユニコーン

神様たちを
撮影し始めてからというもの、
たくさんの鳳凰を見てきましたが
二つのハートをもつ姿は、
このときが初めてです。
みんなに愛を
伝えに来たのでしょう。

愛と平和の有翼の
ユニコーンも一緒です。
ユニコーンの角は
渦巻き状の白い光のエネルギー。
そのパワフルな光で
私たちに喜びと
楽しさをもたらします。

宇宙とクラウドシップ

雲の姿で現れる宇宙船を「クラウドシップ」と言います。それは「宇宙連合」と呼ばれる銀河コミュニティの代表者たちが集うグループの宇宙船で、高次元の神様たちや宇宙人、天使、アセンデッドマスターたちを乗せています。目的はアセンションのサポート。なぜなら、**地球のアセンションは宇宙全体に影響を及ぼす**からです。

2010年頃からクラウドシップが写るようになり、それをきっかけにして宇宙の〈スイッチ〉が入った私。かつて宇宙船内で任務を受け、地球に生まれたという記憶を思い出しました。

実は、地球人の多くは宇宙由来の魂をもつ「スターピープル」であり、神様ともいえます。このことは、目覚めを迎えると思い出しやすくなります。

宇宙連合には「アシュタール」と呼ばれる司令官がいます。アシュタールは、金星の生まれで11次元に存在しています。そして、アシュタールによって星の種

アセンデッドマスター
人間として地上で生きたのち、天界で高尚な魂をもつ意識体として存在するもの。私たち一人一人が人生の目的を理解し、想いや願いをかたちにする力を育むサポートをしている。イエス・キリストやブッダなどに代表される。

を宿して地球に転生した存在を「スターシード」と言います。

スターシードは、アシュタールの賛同者で地球のアセンションを助け、地球に愛と光をもたらす使命をもっています。スターシード以外にも「ゲートキーパー」や「ガイド」「プロテクター」などがあり、それぞれがとても大切な役割です。

自分がどのような役割をもった存在なのか。それを知るにはアシュタールに聞くのが確実です。私は、公式チャネラーであるテリー・サイモンズさんを通して確認をしたところ、スターシードとのことでした。

思い起こした宇宙船の記憶からして、やっぱりな……という感じです。

スターシードは、魂に宿した星の種を覚醒させることで本格的に使命に目覚めます。でも、覚醒にはそれぞれのタイミングがあるとのこと。

私は、そのときが来るのを静かに待っています。

地球をサポートするマザーシップ

クラウドシップのマザーシップ。
地球人の自由意志を尊重しつつ、いつも見守っています。

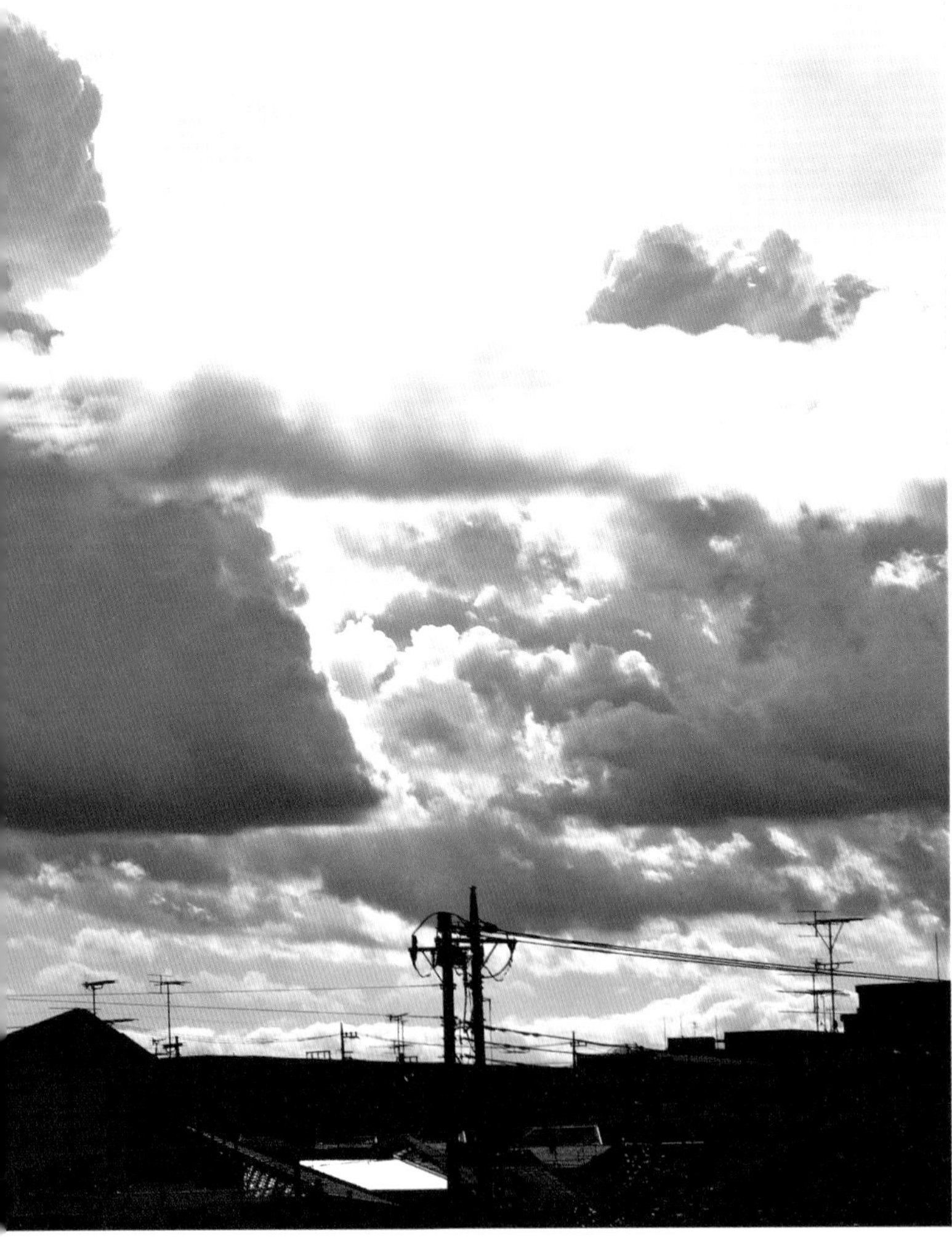

彩雲のクラウドシップ

虹色に染まる雲・
彩雲のオクタヘドロン＝八面体。
オクタヘドロンには、
浄化・ヒーリング・
異次元のコンタクト、
レムリア、
プレアデスの意味があります。
美しいクラウドシップです。

住宅街でクラウドシップ

みんなが思い浮かべる、
いかにもUFO
といった形ですね。
これはとても
わかりやすいと思います。

クラウドシップも仲間

紹介するすべての
クラウドシップは、
どれも普通の住宅街で
撮影をしました。
宇宙は、
意外と近くにあるのです。

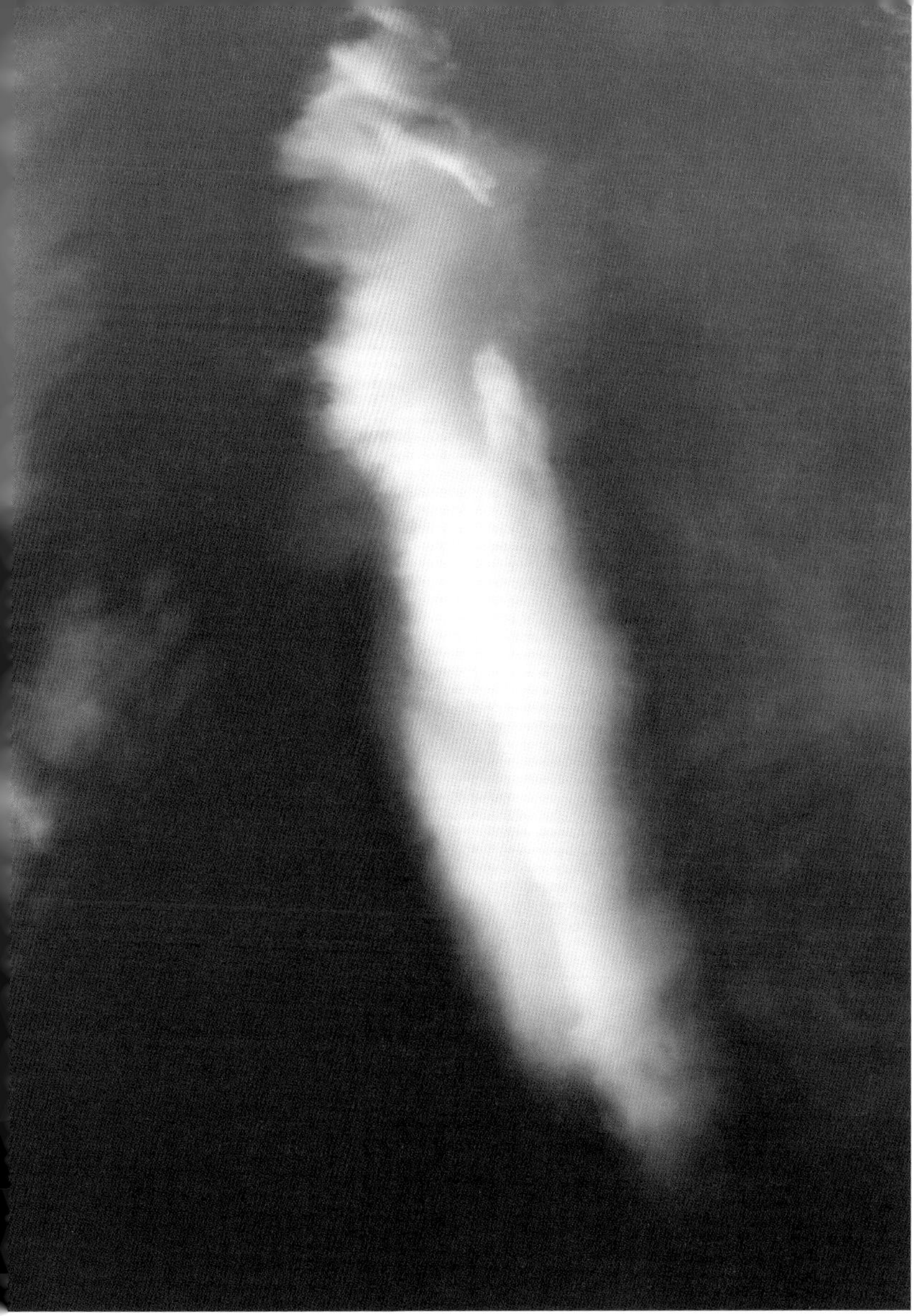

宇宙のヴィーナス

撮影した写真の上下を
反転したものです。
まるで
ヴィーナスのよう!
「ヴィーナス」には
女神のほかに
金星の意味があり、
優しい愛の
エネルギーを
もっています。
アシュタールの
仲間かしら?

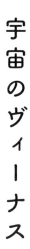

地球にいるのに…宇宙から見た地球

こちらも上下を反転させています。
宇宙船の窓から眺めていた地球の景色に、とてもよく似ています。

秋分の空に開いた宇宙ゲートとクラウドシップ

秋分の日も
ゲートが開閉する日のひとつ。
エネルギーが大きく動きます。
美しい彩雲のゲートが
クラウドシップとともに
出現しました。
宇宙ゲートです。

「自分にとって
最高な人生を生きる」
と意図して、
ゲートをくぐり抜ける
イメージをもつと
いいですよ。

ツインレイの天使

天使たちは、6次元から存在します。「七大天使」として知られるミカエルやガブリエル、ラファエルなどの大天使たちがいるのは8次元です。

天使はそれぞれもっているエネルギーの強さや役割が異なります。そして、**必ずしも人型ではないようです。**さらに個々に得意とする分野が違うのですが、いずれにせよ神様と私たちをつなぐために、いつもすぐそばにいるのです。

ただ、宇宙のルールでは個人個人の自由意志が尊重されています。神様とつなぐために存在する天使だといっても、**私たちが「お願い」をしなければ、助けることはできません。**ですから、ぜひ気軽にお願いしてみてください。

天使たちはどんなに些細なことであっても、無償の愛をもって助けてくれますよ。

その「助け」には、日常のものを使ってきます。お願いに対する応え(助け)は、偶然見たサイトの情報など、日常にありふれた形でやってきます。あまりに普通なので、天使からの助けと気づかないことが多いのです。ぜひ、気づいて行動してくださいね。

「ツインレイ」という言葉を、ご存じでしょうか。

私は「ツインの天使」を写して以降、長いこと、その意味がわからずにいたのですが、ツインレイの話を聞き、そういうことかとようやく腑に落ちました。

私たちにとって出会うすべての人がソウルメイトです。そのなかで、運命の相手を「ツインソウル」や「ツインフレーム」、そして「ツインレイ」と言います。後者になるほど運命の度合いが高くなり、出会う確率が低くなります。特にツインレイは、もともとはひとつの魂だった対の存在。真実の伴侶なのです。

ツインレイは同じ魂をもつパートナーを探して、何十億年にもわたる輪廻転生をする人もいます。それくらいの時間をかけても、同じ時代に出会えるかわからない究極の相手。

簡単に出会えないのは、魂を成熟させ、それまでの固定観念から自由になり、真実の愛を学ぶためです。同じ魂の表と裏なので、自分自身のよくないところもすべてを愛する必要があります。同じ時代に生まれてきた場合には、真実の魂の伴侶らしい二人を引き合わせるための不思議な奇跡が起こるというのも特徴です。

目覚めが進むいま、ツインレイに出会う人もとても増えています。

私が写したツインの天使も、二人を引き合わせるために地上に来ていたのですね。

初めてのツインレイの天使

9年前、
サイキックな知人も
意味がわからなかった写真です。
いつか意味が分かる日が
来ればいいなと思っていました。

「ツインレイ」という言葉が
知られるようになったのは、
ここ数年のこと。
私も2年前に初めて耳にしました。
当時、意味がわからなかったのも
当然ですね。

ツインレイ天使の結婚式

平和で優しい
エネルギーを感じます。
撮影時は2羽のハトかなと
思いましたが、
ツインレイの話を知った今は
ツインレイの天使に見えます。

金色の光に包まれて……。
結婚式のワンシーンのようです。
バージンロードに
花びらをまきながら歩く、
フラワーガールのような
小さな天使たちの姿もあります。

寄り添うツインレイの天使

ツインレイの天使たちは
いつも二人の天使が
寄り添う姿で現れます。
とても美しいですね。
地球の転生の最後に出会う
とも言われています。

この天使たちは、
夫婦でしょうか。
上が男性で、
胸に小さな子どもを
抱えているような……
家族の姿に見えます。

住宅街を飛ぶ ツインレイの天使

同じ魂の表と裏なので、
自分自身の闇すら
愛せるまで試練があることも。
しかし、すべてを
愛せるようになった二人は
奇跡も起こします。

住宅街の空を舞う
ツインレイの天使たち。
地上のツインレイたちの
奇跡のサポートをしに、
今日もどこかの空を飛んでいます。

パワフルな光を放つ大天使

大天使が存在する
8次元には
神様も存在するので、
かなりパワフルな
エネルギーをもっています。
うしかい座の
アルクトゥルスは
大天使の星と
呼ばれています。
ヒーリングが得意な星で、
ヒーラーの方に
ご縁があります。

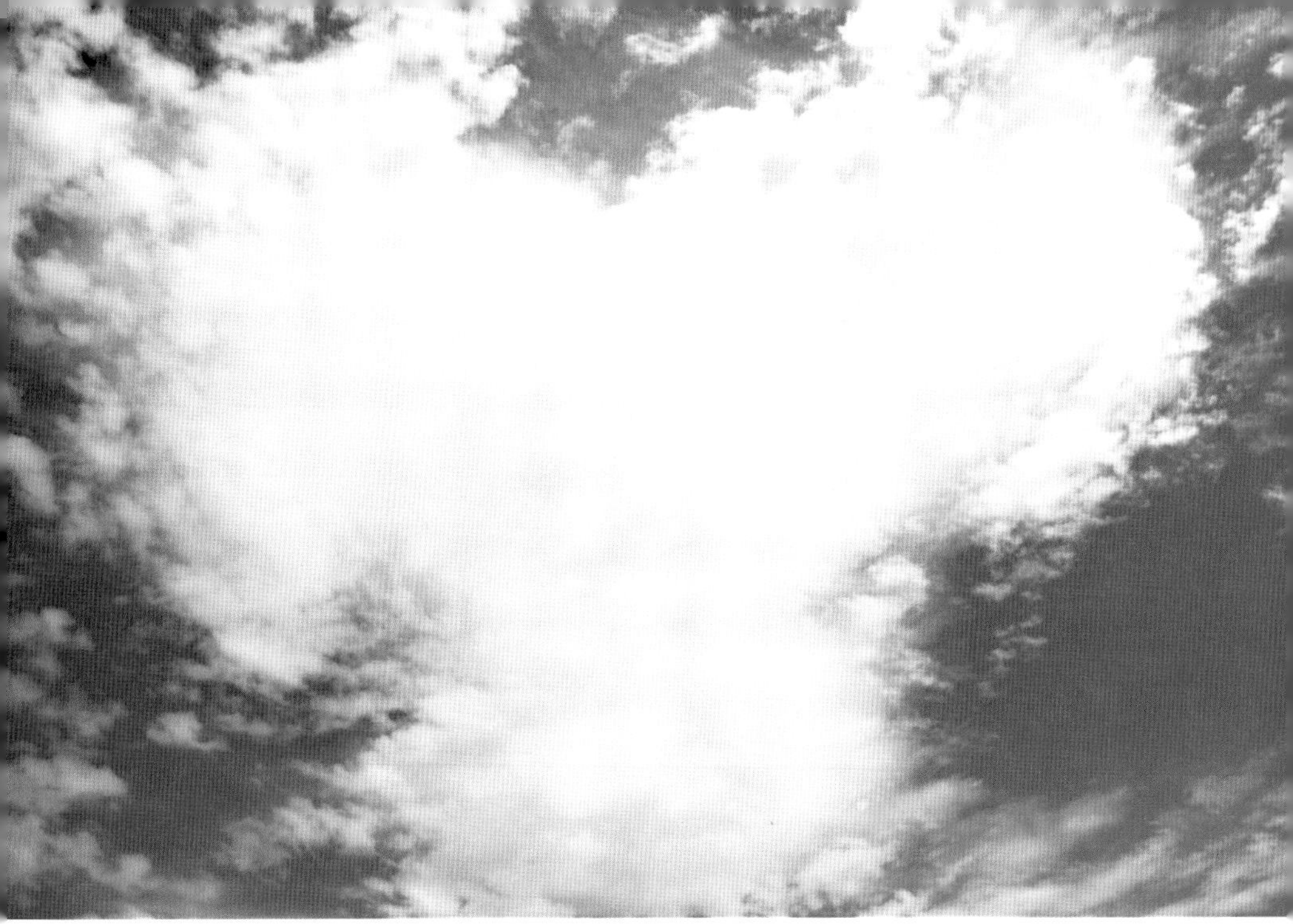

神様からのハート

ハートは世界共通で
愛のシンボルです。
ハートの雲を見ると
神様から愛を
プレゼントされた感じがします。
スピリチュアル能力を
開くためにも、
幸せに生きるためにも、
ハートを開くことが大切です。

神様の使いの動物たち

「神話」は日本だけでなく、世界中に存在します。そのなかで、さまざまな動物たちが**神様と人間をつなぐ神の使い**として活躍しています。

空を見上げると、時にそんな神の使いたちと遭遇することがあります。早速、ご紹介しましょう。

【蛇】蛇は弁財天の化身、使いとして知られています。弁財天は、金運、成功、芸能、学問、縁結び、豊穣、勝負、国家の守護、医療、再生と幅広いご利益があります。エネルギー的には、龍とほぼ同じらしいですが、見た目は大きく違いますね。

【獅子】多くの神話や伝説にライオンが登場するほか、紋章などにも多く用いられます。日本でも神社などに置かれる獅子や獅子舞などがありますね。邪気を払い、守護する役目をもち、神様と人間とをつないでいます。

なお、獅子もシリウスと関係があります。「ライオンズゲート」なんていう言葉もあるくらいですからね。

【八咫烏《やたがらす》】烏は、世界中の神話に神聖な鳥として登場します。日本神話では、神《じん》武《む》天皇の道案内をしたのが、３本足の八咫烏でした。

名前を聞いてもピンとこない方は、サッカー日本代表のシンボルマークを思い出してみてください。あれが八咫烏です。

「咫《あた》」というのは昔の長さの単位で、約18センチメートル（諸説あり）。「八」はその8倍ということで「八咫烏」は「大きいカラス」を意味した言葉だそうです。つまり、18×8＝１４４センチメートルのカラス。たしかに、大きいですね。

【麒麟】麒麟は中国神話に登場し、龍と鳳凰と霊亀《れいき》とともに四霊獣とよばれる縁起の良い存在です。体は鹿、牛の尾と馬のひづめをもち、体は鱗で覆われ、黄色い毛と背中に五色の毛が生え、龍の顔した一角獣。麒麟が現れると良いことが起きると言われています。

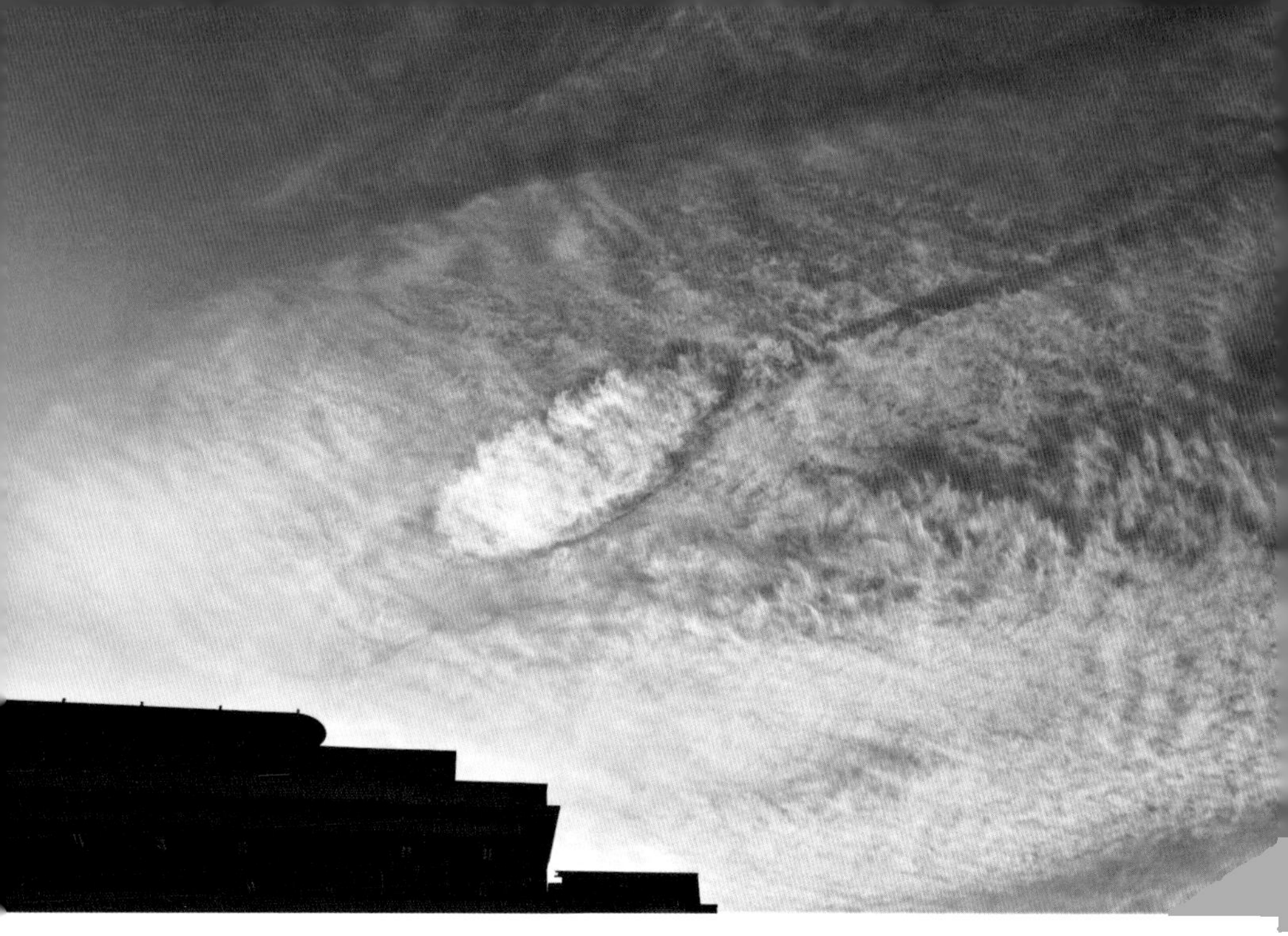

弁財天の使い・蛇

空一杯の大蛇は怖い感じもしますが、
医療と再生のご利益をもつ
弁財天の使いです。
救急医療のシンボルマークにも
蛇がいます。
必要なときにその神様を意識すると
エネルギーがつながります。

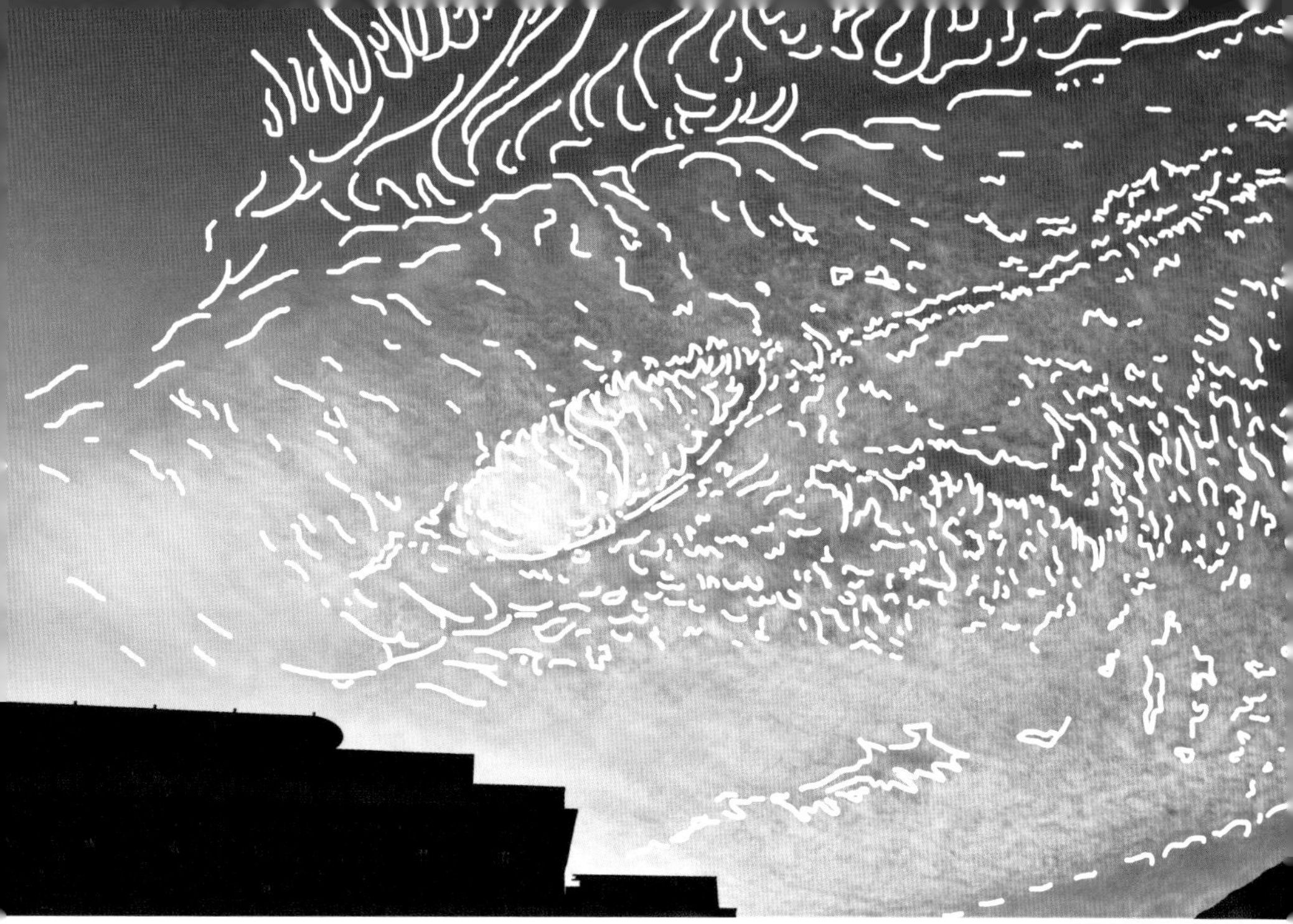

蛇の抜け殻を財布に入れると、
金運が上がると言われるように
蛇は金運の象徴。
今までやってきたことが
成功したり、願いごとが叶ったり
幸運をもたらします。

邪気を払う狛犬の獅子

ライオンに似ているけれど、
異なる雰囲気。
神社の獅子像を見て、
腑に落ちました。
獅子などのネコ科も
龍やイルカと同じ
シリウスのエネルギーを
もっています。

また、獅子は
文殊菩薩《もんじゅぼさつ》の使い。
「三人よれば文殊の知恵」
とあるように
知恵の仏様です。
物事のあり方を
正しく見極め
判断する力をくれます。

明治維新以前は、神道と仏教を融合し
ひとつの信仰とする「神仏習合」が1000年以上、続いていた。

大嘗宮に現れた天照大神の八咫烏

神様たちは人間の喜びの
エネルギーが大好きです。
この八咫烏も笑っていますね。
日本書紀では、
八咫烏は天照大神《あまてらすおおみかみ》の使いとされ
太陽のエネルギーをもち、
幸せへ導いてくれるのです。

迷いや悩みを解決し、
目標達成や勝利をもたらします。
悩んだときには、
八咫烏を呼ぶといいですよ。

優しくて強い麒麟

頭がよく、温厚な麒麟は
足で虫や草を踏まないように、
空を駆ける
優しい神聖な動物。
良い人を悪いものから守り
平和や福を招くといわれます。

財運、長寿、子孫繁栄、
学問成就のご利益があり、
家を守る力は最強です。
写真は、いわゆるガラケーで
撮影した麒麟です。
どんなカメラでも
神様たちは写ります。

時空を超えてやってきた神様

海外の神様たちが、東京の空に姿を現すことがあります。私たちはどこにいても、つながることができるのです。

２０１７年のある日「アッシリアの精霊・スカラ」と出会いました。

アッシリアとは、現在のイラク北部にかつてあった王国です。「精霊」と言われる存在は人と獣の中間の姿をしていることが多いのですが、スカラも鷲《わし》の頭と翼をもっています。

私にはイラクの隣国、シリアにあったパルミラ王国での過去世があります。パルミラにはオアシスがあったことから多くの国と貿易が盛んでした。そのため、スカラのことも知っていたのでしょう。スカラを写したとき、しばらくは何が写っているのかがわからずにいましたが、２０１２年に「大英博物館」で撮影したアッシリアの彫刻の写真に答えがありました。

時系列で整理します。パルミラの過去世を思い出したのは、２０１９年。スカラと出会ったのは、２０１７年。大英博物館で彫刻を撮影したのは、２０１２年。

何も知らずとも、ちゃんと写しています。忘れていても、見ています。そして、いつか必ずつながっていくのです。

パルミラ王国での過去世は、古代エジプト語や文化に精通していた人物だそう。そのご縁からか「エジプト神話の女神・イシス」と思わされる存在を写したことがあります。イシスは鳶あるいは鳶の翼を持った女性の姿で、愛、美、聖母、豊穣、生命、魔術師、王座、癒やし、霊的なエネルギーの意味があります。

別の日にはイシスの子ども「天空神・ホルスの目」と出会いました。ホルスの目にはすべてを見通す、癒やし、再生の意味があります。ホルスからは「**これから宇宙人の真実が明るみに出るでしょう。力を奪われていた人たちも、自分の本当の力を思い出すでしょう。自分は素晴らしい存在だということを、喜びをもって知るでしょう。私たちは地球をサポートするために集まっています**」というメッセージを受けました。

同じ日、エジプト神話の「冥界の神・アヌビス」にも会いました。死者の安らかな眠りと来世のサポートをする死者の守護神のため、死神に間違えられますが違います。光の量が増えている今、4次元にある冥界が薄くなっているようです。アヌビスが現れるくらいアセンションが進んでいる、ということのようです。

〈光の量が増える〉
冥界は波動の重い闇の世界。神界は波動の軽やかな光の世界。低い波動で重くなった魂は闇の冥界を創り出すが、本来は高い波動の軽やかな魂。冥界に囚われず光の神界へ戻る魂が増えたため、冥界が縮小している。アヌビスが冥界に留まり、死者を守る必要がないことでわかる。

アッシリアから精霊スカラ

アッシリアの
鷲頭有翼の精霊スカラです。
アプカルと呼ばれる
よい精霊の一柱です。

彫刻のスカラは、
聖樹に向かって右手に松かさ、
左手に水桶を持つ
儀式での姿が描かれていました。
スピリチュアルで松かさは
脳の松果体を意味します。

愛と豊穣の女神
イシス

エジプト神話の女神イシス
のように感じます。
目と唇が印象的で
顎に虹が見えます。
撮影時は全く何かわからずに
撮影していたので、
目がギリギリ入っています。

クレオパトラも女神イシスを
崇拝していたのだとか。
イシスは、愛と美、
聖母、豊穣、癒やし、
スピリチュアルな力を
もたらします。

すべてを見通す
ホルスの目

日本新記録更新で
エネルギーが大きく動いた
「東京マラソン2020」
開催日に写した
エジプト神話
天空神ホルスの目。

ホルスの右目は太陽、
左目は月を表します。
写真は左目です。
すべてを見通す力、
回復、守護、知恵などの
意味をもちます。

神聖で忠実なアヌビス神

ホルスの目と同じ日に写した
エジプト神話の冥界の神、アヌビス。
ジャッカル（犬）の頭をもちます。
犬は多くの神話に登場する
神聖な動物。
人間に忠実で現実世界から
死後までも共にいてくれ、
守ってくれます。

今回紹介したイシスもホルスもアヌビスも、
みんなシリウスと関係がある存在です。
シリウスは地球の次元を上げるお役目があるので、
シリウス系がよく来てます。

アヌビス神は寡黙で誠実。
不要な過去の
エネルギーを浄化し、
新しい時代に
ふさわしい自分に
生まれ変わることを
サポートしに来たのでしょう。

天界の戦い

天界の存在が戦っている姿が映し出されることも、しばしばあります。戦いといっても、そこに**勝敗や優劣などはありません。あるのは、光と闇の統合。エネルギーの個性が混じり合い、調和へと導かれる**のです。

戦いの写真は、見るたびに自分のなかでの解釈が変化するのですが、それは時間の経過とともにクリアリングが進み、私自身の世界がシフトしているからこそ。当然のことと言えるでしょう。

メッセージを受け取るときには、人それぞれ得意な感覚を使います。感覚というのは、視覚、聴覚、嗅覚、味覚、触覚の五感と霊感、直感などの第六感です。

私の場合、エネルギー体そのものを見ることはできませんが、自分の過去世は、まるで映画を見ているかのように映像で見ることができます。神様たちを写すという行為を考えても、視覚が強いようですね。

突然ですが「パクチー」をイメージしてください。どんな感じがしますか？

ここからわかるのは、自分自身の受け取り方。私は視覚が優位なので、緑色の草が見えます。それが嗅覚の人は特有の薫りをイメージするでしょうし、味覚の人は口に入れたときの味を思い起こすでしょう。

はじめに書いた龍と朱雀と鳳凰との出会いの項で〈メッセージは伝達する人により質や内容が変わる〉と紹介しました。それは固定観念や感情が入るからです。パクチーを題材に言い換えると、パクチー好きの人は「ひとクセあって美味しい」と言い、パクチー嫌いの人は「クセが強くて美味しくない」となります。同じパクチーなのに、捉え方はこんなにも違う。でも、どちらもその人の世界では正しいのです。

つまり、本書内に書かれていることも私の世界における解釈だということ。皆さんと同じように感じているかもしれないし、違うかもしれない。でも、それでいいのです。自分の腑に落ちるものだけを受け取れば、それでよいのです。

ただ、高い波動のメッセージを受け取るためには、固定観念と感情をクリアリングしてブロックを外すといいですよ。

神様たちは、いつも「意味は自分でわかるように」と言います。**人間はみんな、眠れる神様。受け取るチカラは、誰にでもある**のです。わからなくても、間違っていても、罰などは与えません。わざわざ雲を使って姿を見せてくれる仲間なのですから。

心のなかの戦い
～鳳凰や狼など～

スウェーデンで写しました。
撮影当時、自分のなかには
たくさんの葛藤がありました。
心の状態が空に現れたのでは、
と解釈しています。

無理にまわりに
合わせなくていい。
自分らしく生きればいい。
力強く自由に生きる姿を
見せてくれています。

光と闇の統合 2020

2020年3月、
新型コロナ禍で撮影。
新しい世界へ移行するために
【自分のなかにある
重いエネルギーを手放し
統合し、
自分軸をもつこと】

【すべてはひとつから始まり、
光も闇も元は
同じところから生まれた。
だから光と闇は統合できる。
そして美しい調和が生まれる】
を受け取りました。

Kamisha column 3

彩雲と光環

虹のような色をもった雲を「彩雲」と言い、太陽や月のまわりを囲むようにできた色つきの光の輪を「光環」と言います。

どちらも大気光学現象なのですが、仏教では、阿弥陀様が菩薩様とともに来迎する際に「彩雲に乗ってやってくる」と考えられており、昔からめでたいことの予兆として「瑞兆」と言われています。

たしかに、私の経験上でも彩雲とクラウドシップが一緒に出現することが多くあります。それに2020年の春分に、彩雲の夢を見ました。夢占いで、彩雲は願いが叶うと書いてあるのですが、なんと、夢を見た日から11日後に本書の出版が正式に決まったのです。まさに、瑞兆でした。

同じく3月、虹に関するちょっと変わったメッセージを受け取りました。

私は睡眠中に、神様や宇宙人たちとコミュニケーションをとるときがあるのですが、目覚めたときに覚えていたのは「新型コロナウイルスを、虹と愛で包む」でした。

虹には浄化のエネルギーがあり、愛のエネルギーでウイルスの構造を変化させられると言うのです。ホントなのかな……。

植物に愛情をもって話しかけるとよく育ち、反対に悪意ある言葉をかけると育ちにくい、という実験もあるようですが……。

これと同じように、ウイルスも毛嫌いされるとグレてしまうと言うのです。

もちろん、これは医学的にも科学的にも根拠のない夢の話です。

しかし、虹には浄化のパワーがあります。

嫌なことがあったときに美しい虹を見つけると、嫌なことなんてすっかり忘れて「わあ！」と、虹に見とれますよね。それはネガティブな次元に向いていた意識が、一瞬でポジティブな次元にシフトした証です。

不安や恐怖を抱えたままでいると、さらなる不安や恐怖を引き寄せるもの。不安や恐怖を感じたときは、まず自分のなかにある感情を認めて、それから7色の虹の光で払拭されていくのをイメー

ジするといいでしょう。意図的に自分の波動を変えるのです。

いつでも愛と平和の波動でいられたら、自分とまわりの人たちを大切にするための行動がなんなのか、自然とわかります。その結果として、愛と平和の世界を引き寄せることができるでしょう。

2014年に初めて彩雲を見ました。
それまで虹色の雲があることも知りませんでした。
それから彩雲を見ることが増え、
特に今年は毎週のように見たときもありました。
写真は、大甞宮で撮影。
この日は彩雲も光環も、どちらも見られました。

光環もよく見ます。虹色の光は癒やしと
浄化のエネルギーがあります。
虹色は大天使の星と言われるアルクトゥルスの
エネルギーをもつからです。空からも癒やしと
浄化のエネルギーが降り注ぎます。写真は、
ラグビーワールドカップ期間中に見られた光環。

Kamisha

第2章
神写するための4つのコツ

「神写」は誰にでもできる
神様とつながる方法です。
ただ、その撮影にはちょっとしたコツが必要。
ここでは神様の姿を写す方法と、
現れた神様が自分と
どのようなつながりをもつのか、
解釈のヒントをお伝えします。

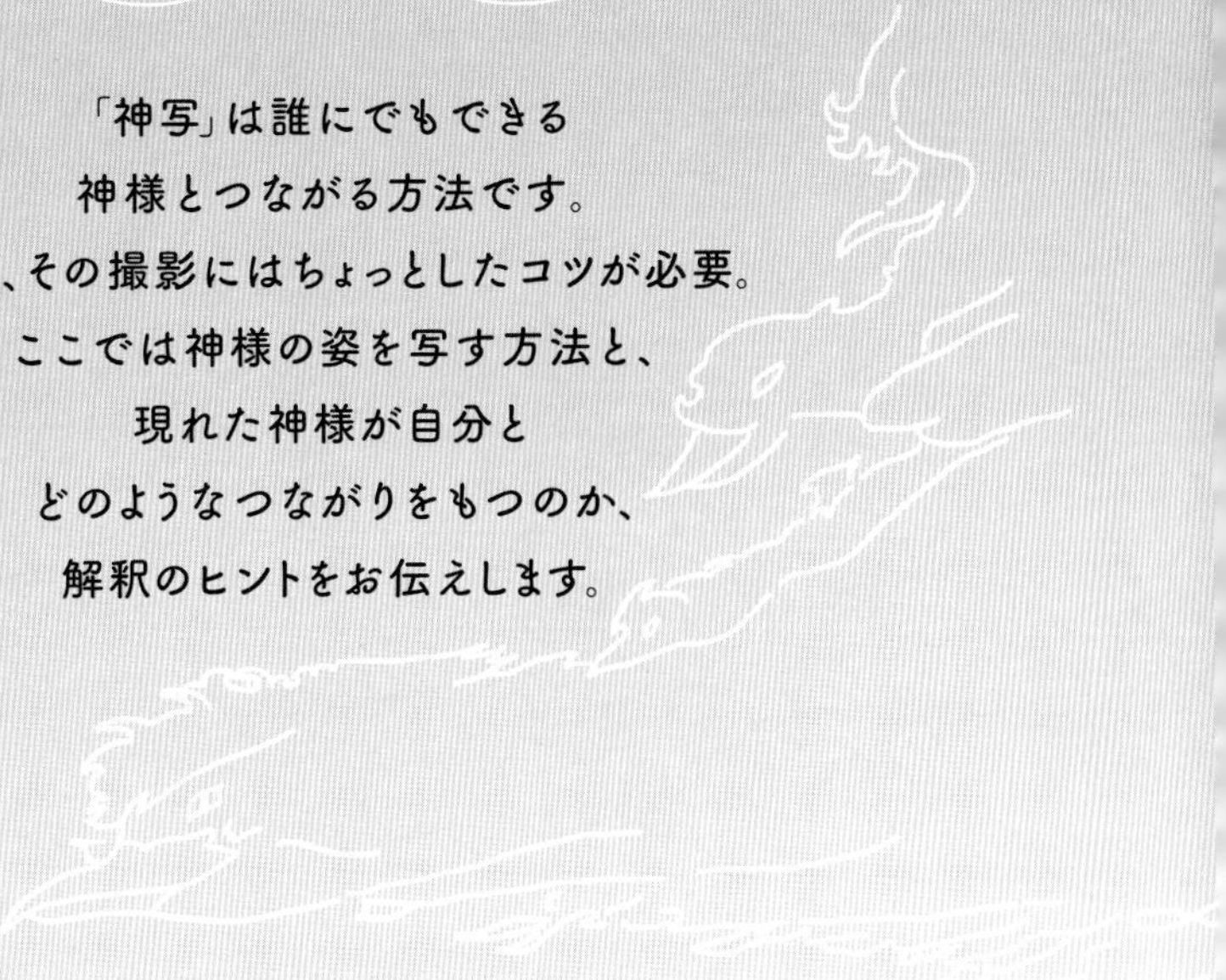

Kamisha tips

神写のコツ①
気になったら、とにかく写す

空を見上げて、すぐそこに何かが見えなくても「気になる」ときは、とにかく撮影してみましょう。ちょっと目を離した隙に、姿を消してしまうこともあります。これこそ「Don't think. Feel! 考えるな、感じろ」です。まず**はじめは、考えずにカメラやスマートフォンでとりあえず写しましょう。自分の直感を信じてシャッターを切る**ところから始めるのです。

2回目以降は構図などを考えるのも〇K。そして「ハッキリ姿を見せてください」とお願いします。お願いをすると、姿をわかりやすく見せてもらえたりするからです。このとき広範囲をいろいろな角度から写すことを心がけておきましょう。なぜなら、神様は空を広く使います。エネルギー体が見えずに写していると、神様の姿が枠に収まっていないことがあるからです。

ほかの雲と違う動きをするものを見つけたときには、写しておきましょう。神様が姿を現すときは、意思をもっているかのように明確に変化していきます。いつ完全体になるか、わからないので時間をおいて何枚も撮っておくといいと思います。

そして写し終えたときには、姿を見せてくれたことに感謝をしましょう。

tips 「気になる」とは、「気づいている」である。

「神写」撮影タイムフロー

1

気になったら、
すぐにパシャ！

2

スマホ＆オート撮影でOK。
あれば広角レンズがオススメ

3

姿を見せて
ください……

4

角度を変え、
時間をおいて何枚も

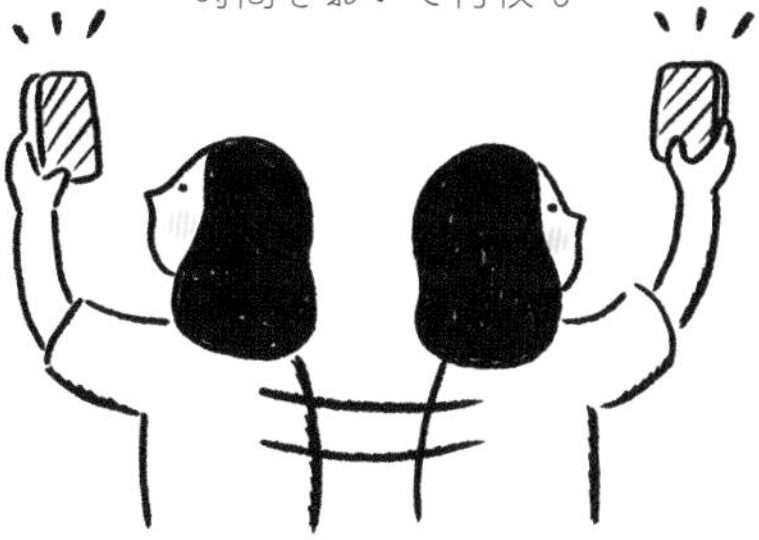

5

ありがとう
ございます

神写のコツ②

何度も見返し、読み解こう

写したものの、何が写っているのかわからないときは（大半ですが……笑）写真の色やコントラストを調整してみましょう。もちろん、できる人だけで大丈夫ですが、スマホ撮影の場合でも端末の編集機能を使えば大抵できます。簡単なので、ぜひ挑戦してみてください。写真にどのような変化が起こるか、下に示しています。

気になるかたちの雲を、パソコンやスマホのペン機能でなぞります。プリントした写真にマジックを使って書いても〇Kです。**なんとなく神様のかたちがわかればいい**のです。姿がわかったら、神話を調べてみるといいでしょう。神様の名前やゆかりの土地、ご利益、メッセージなどがわかります。

ここまでしても何が写っているのかわからない、ということもあります。それでも「気になる」のであれば**「今じゃないんだな」**と解釈します。いずれ、知るのにベストなタイミングで理解できるはずです。

撮ったそのままの写真

コントラスト調整後

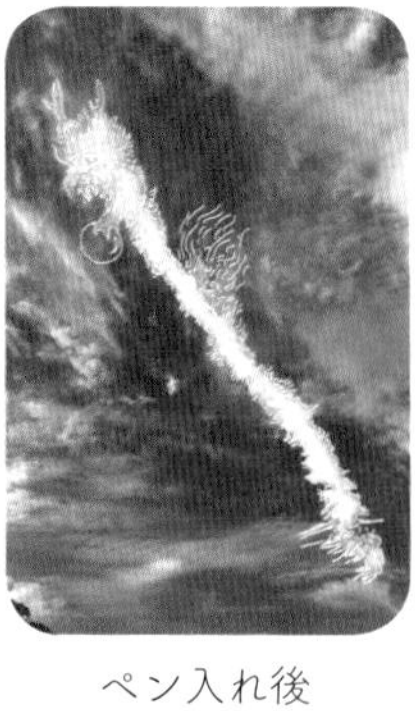

ペン入れ後

神写のコツ③ 写せない、もひとつのメッセージ

「神写」と言いつつも、神様の姿を写せないときもあります。

写せたときは、基本的に神様から撮影許可が下りているときだと思ってください。つまり、何らかの理由で写せないときは見るのはいいけれども、撮影にはNGが出ているということになります。

例えば、手元にカメラもスマホもないとき。シャッターがうまく切れないときも、同じです。建物や木などが邪魔で、見える場所まで移動したらすでに姿を消していたり、海で龍を写そうとしたときに、波のこない場所にもかかわらず急に大きな波が押し寄せて、足下に気を取られている間に消えてしまっていたり……（すべて私の体験談です）。

残念に思えるかもしれませんが、そういうときは「存在に気づくだけでいい」ということ。

存在に気づく。それだけでエネルギーを受け取っていることもありますよ。

tips

心のシャッターを切り、エネルギーを体で受け取る。

神写のコツ④

「エネルギーの塊」を見つけよう

神様は、いろいろな現れ方をします。なかでも、おもしろいな～と思うのがエネルギーの塊から出現する方法です。

はじめは、雲がまるで意思をもつように一箇所に集まり始めます。その雲がどんどん大きくなり、綿あめのような塊ができます。私は、それを「エネルギーの塊」と呼んでいます。

エネルギーの塊は、塊のまま消えることもあります。しかし、ここからエネルギーがあふれ出したときがすごいのです。次々と神様たちが、飛び出してきます。それも、見ている人にご縁のある神様たちが姿を現すのだから、不思議ですよね。

エネルギーの塊の一例

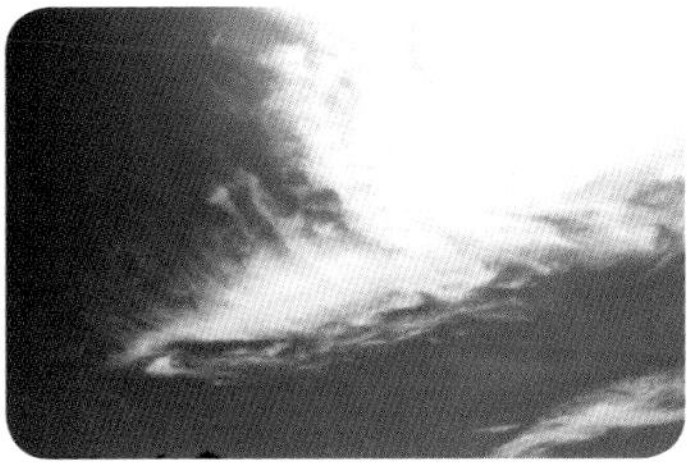

10:12
何かが
出てきた

11:06
八咫烏と
鳳凰

11:08
多頭龍

11:15
変化は
つづき…

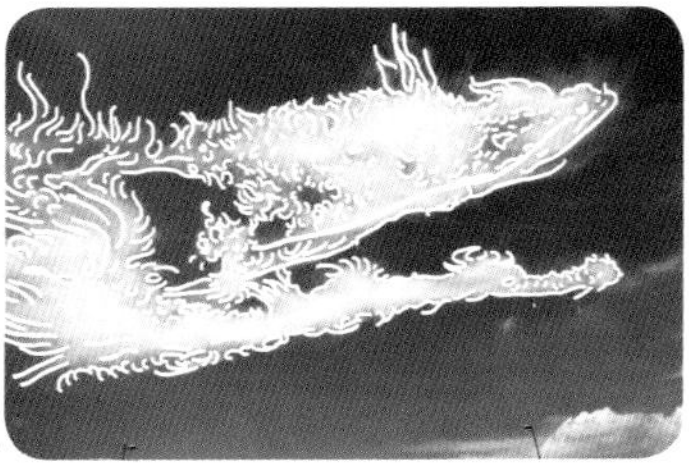

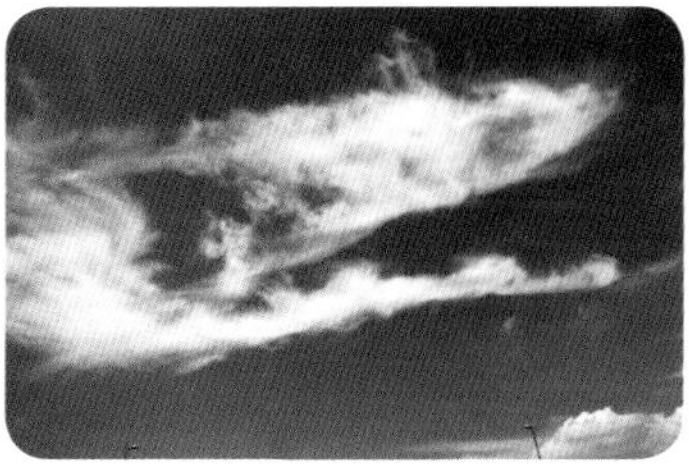

11:24
親子の龍

Kamisha tips

エネルギーが動くとき、神様は現れる

神様が姿を現しやすいタイミング、というものがあります。ここにまとめてご紹介しましょう。

①季節の変わり目

春分、夏至、秋分、冬至といった季節の節目は、エネルギーが大きく動きます。神様たちは、エネルギー転換のサポートのためにやってきます。ほかにも、第1章「高次元の入り口」の項で紹介した「ライオンズゲート」など、宇宙のエネルギーが降り注ぐ日も出会いやすいときです。

②大きなイベント・お祭り

神様たちは「喜び」のエネルギーが大好きです。**感情が大きく動くようなイベント**（例えば各スポーツの世界大会の期間中や歴史ある大会で新記録が出た日など）や、お祭りの日には出現しやすくなります。また、悲しいときにも人々を癒やすために現れます。

③歴史的な行事

歴史が動くときというのは、人々の感情が動きます。つまり、大きなエネルギーが動くため神様のサポートが入ります。記憶に新しい２０１９年10月、天皇陛下が即位を内外に宣言する即位礼正殿の儀の直前に雨が止《や》み、皇居周辺で虹が出たニュースがありました。

私は、そのときに鳳凰を見ました。

④神聖な場所

いわゆる「**パワースポット**」と呼ばれるところは、神様が出現しやすい場所です。

２０１９年に新天皇が執り行われた大嘗祭のために作られた、大嘗宮の一般公開に足を運んだところ……彩雲と光環、鳳凰、イルカ、八咫烏、ユニコーンが次から次へと現れました。神聖な場所、歴史的な行事、大勢の参拝者のエネルギーが重なって、まるで異次元のような空間でした。

⑤遺跡や古墳など

古代のパワーが残る場所も、出現しやすいスポットです。

Kamisha tips

奇跡とは、少し違う「レンズ現象」

撮影した写真に、目には見えていない美しい光が写り込んでいると「え、こんな光はなかったはずだけど……」とうれしくなるものです。もちろん、それが実際にスピリチュアルな光である場合もあるのですが、実は、**カメラやレンズの構造から発生した光**の場合もあるのです。

私は、写真家です。その立場から言っても、**スピリチュアルな光とレンズの現象による光の線引きは大切**だと思っています。

本物のエネルギーを取り込む「神写」を大切にするためにも、こういった知識も頭に入れておきましょう。ここでは、よく起こるカメラやレンズ現象について解説していきます。

フレア・ゴースト現象

左ページの写真。鳳凰と思われる雲と一緒に、
不思議な光がたくさん写り込んでいます。
虹色のものや楕円形のものなどが現象によるものです。
それ以外にも水滴やゴミもついていました。
特にスマホは「フレア」や「ゴースト」現象が出やすいです。

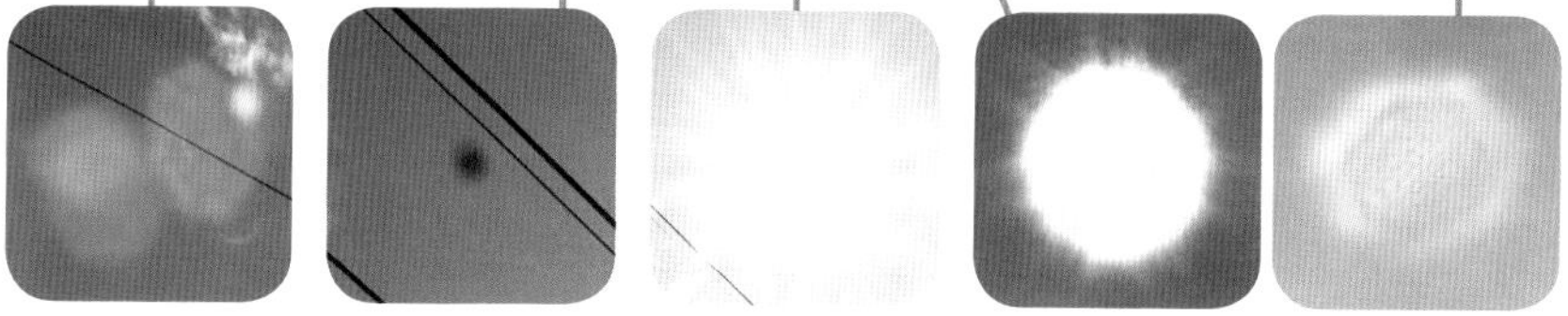

ゴースト
強い光がレンズ内で反射して、色のある楕円や半円などが写る現象

ゴミ
レンズについたゴミが写っている

フレア
強い光で「カブリ」や「ムラ」ができる現象

水滴
レンズについた水滴が太陽光とレンズ反射で虹色に光っている

●流し撮り

時空が歪んだ……!? というわけではありません。
遅いシャッタースピードで被写体と同じ動きで撮影をすると、
被写体は止まり、背景が流れるように写るのです。
「流し撮り」という撮影方法です。

●露光不足

エネルギーが写った！
……のではなく、
周辺が暗い状況下で
遅いシャッタースピードで撮影したため、
光が動いたところだけ
伸びたように写ったのです。
この写真は、
被写体だけが動いていたので、
景色はブレていません。
ただの露光不足。
もしもストロボを用いた
撮影にもかかわらず、
このような写真が出来上がったのなら、
不思議な写真と言えるでしょう。

【ロングウオーク】
1864年、リンカーンの命により
ネイティブアメリカンのナバホ族は20日以上約500キロ
徒歩の長旅を強いられ、強制収容所へと移住させられた。
過酷な移動に数百人のナバホ族が道中に亡くなった。
悲しい歴史を忘れないために、そして先祖の供養のために、
輪になって歩くことでロングウオークを再現している。
日本の盆踊りのようなもの。

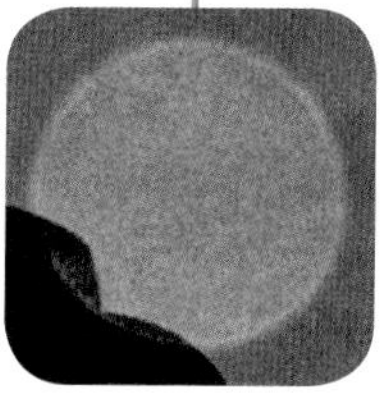

●説明できない光もある

無数の丸い光が飛んでいます。
雨や雪の日ならば、ストロボ（フラッシュ）が
空気中の雨や雪に反射して光の玉が写ることもありますが、
この日は晴れ。土埃の反射の可能性もありますが、
同条件で撮影したほかの写真には写っていません。
ロングウオーク中なので
オーブ（霊魂）であるとも考えられますが……
サイキック能力のない私には、
説明ができない不思議な光の現象が写った一枚です。

Kamisha tips

あなたにご縁のある神様が、現れる

神様たちは、私たちに「いつも見守っている」ことなど、何らかのメッセージを伝えようとして姿を現します。そのため、写る神様とはご縁があります。

特に守護している人には、何とかしてメッセージを届けよう！とアピールをしているのですが、ほとんど気づいてもらえません。ですから、神写を始めたばかりの頃は「気づいて〜！」と言わんばかりに、いつも守護している神様が写る可能性が高いのです。

私が自力で写した最初の神様が、子どもの頃から一緒にいた鳳凰だったように――。

神写を続けていくと、よく写る神様や、龍神系や天使系などの系統もわかります。また、ある地域の神様や信仰もしていない宗教の神様が写る場合は、過去世からくるご縁の可能性が高いでしょう。写った神様のゆかりの神社仏閣や教会、土地、伝説、ご利益、エネルギーなども調べてみてください。**意識していくと、神様とのつながりは強くなり、よりエネルギーを受けやすくなります。**するとシンクロニシティやうれしいことが増えたりします。そして、なんとなく神様のメッセージの意味がわかるときも出てきますよ。

ご縁のある神様 ―私の場合（1）―

スウェーデンの神様から受けた歓迎

2010年、スウェーデンを訪れました。帰国後に撮影した写真を見返していると、**ガイコツのようなものが写っている**のに気がつきました。悪い写真だったらどうしようと思い、サイキックな知人に見てもらうと……。

「これはガイコツじゃなくて、彫りの深い古代の女性だよ。原始時代くらい、古い時代の人。ほら、髪もあるでしょう?」

言われてみれば鼻もあり、長い髪を天になびかせています。安心するとともに「人」が姿を現すこともあるのかと、驚きました。人は見慣れているはずですが、雲となると龍や鳳凰よりも不思議な感じがします。

知人はこう続けました。「この人は、あなた（私）がスウェーデンに来たことを歓迎しているよ」と。なぜ、歓迎してくれているのか? 尋ねても「いつか自分でわかるように」と、教えてはもらえませんでした。

仕事であれ、思いつきの偶然であれ、どこかの土地を訪れるというのは、その時点で何かしらのご縁があります。そして気づいていないだけで、土地の神様たちは訪れた人たちを歓迎しているのです。

歓迎してくれた
古代の女神

はじめは
北欧神話に登場する巨人？
と思っていましたが、
この後に紹介する
ノルウェージャン
フォレストキャット（猫）
の存在を知ってから、
ようやく女神フレイヤなのかな？
と思うようになりました。

女神フレイヤは
とても美しい大地の女神。
美と愛、豊かさ、情熱、結婚、
願いが叶う、幸福、
リーダーシップ、
スピリチュアル能力……と
女性をパワフルにサポートします。

北欧神話のノルウェージャンフォレストキャット

雷神トールが
持ち上げられなかった猫、
女神フレイヤの
戦車を引いていた
2匹の猫が
どちらも
ノルウェージャン
フォレストキャットです。
猫もシリウスと
関わりがあるのですよ。

豊穣の神フレイ

女神フレイヤの
双子の兄フレイ。
神様のなかでも
最も美男な豊穣の神で、
妖精たちの王。
富と財産、
結婚のご利益が
あると言われています。
容姿端麗かつ
力も強いので、
ヴァイキングたちも
信仰したとか。

ご縁のある神様 ―私の場合（２）―

私を守護する「鳥」の存在

第1章「龍、朱雀、そして鳳凰との出会い」の項でも触れましたが、私を守護するのは鳳凰です。産土《うぶすな》神社はキジが由来の雉子《きじ》神社、産土神は白鳥伝説の日本武尊《やまとたけるのみこと》と、鳥のご縁が強く神写でも鳥たちがよく写ります。

P.156の神写は、2009年アメリカ・アリゾナ州での撮影。仕事帰りの車窓から、鳥の姿をした雲に気づきシャッターを切りました。後日、知人に見てもらうとイーグル（鷲）とのこと。

「大きなイーグルがたくさんのイーグルたちを先導して、あなたをお見送りしているよ」

改めて見ると、右側の上下に鳥のような雲がいました。たしかに、ずっとついてきていたけれど、車には私を含めた3人が乗っていました。なぜ、私を見送っていると言い切れるのかと聞くと「あなた側にいたでしょう？」と。たしかに、私側にいたから写せたのですが……私である理由については、やはり教えてもらえませんでした。

イーグルは、ネイティブアメリカンにとって天と地を結ぶ神聖なスピリットアニマルです。私のネイティブアメリカンだった過去世のご縁かな…と思っていました。今ならわかりますが、私はスターシードとして天と地とを結ぶお役目をもっています。イーグルとは、ある意味でお仲間だったのですね。

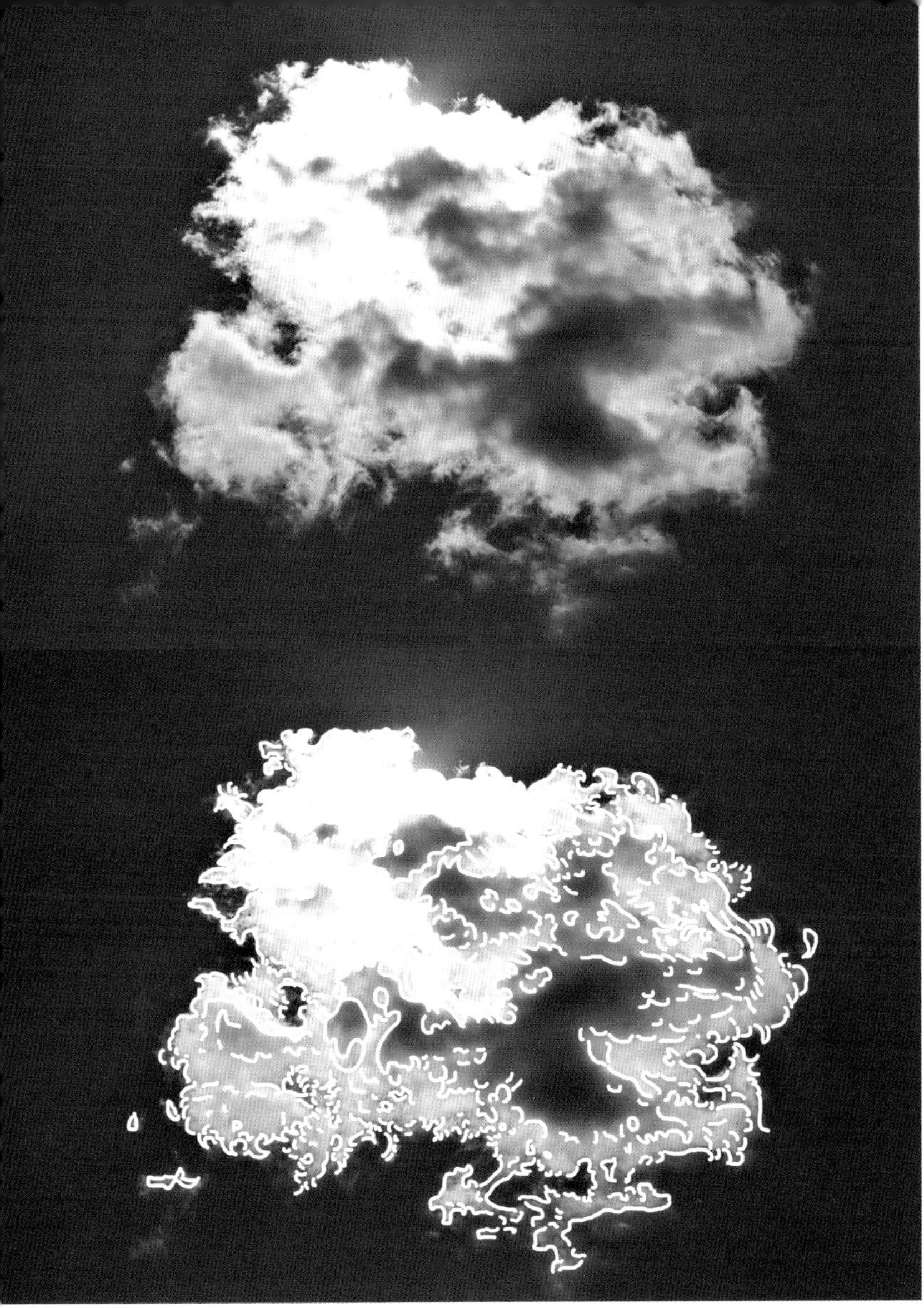

彩雲に乗って応援に来た鳥たち

本書の
初打ち合わせの日に
ついて来た
ユーモラスな
鳥たちです。
瑞兆の
彩雲とともに、
応援してくれて
いるようでした。

天と地を結ぶイーグル

ナバホ族とホピ族の
居留地の終わりまで、
ずっとお見送りしてくれました。
天と地とを結ぶイーグル。
試練を乗り越え、
高く跳ぶ力を思い出させてくれます。

光も闇も超越し、
自由に自分を生きる
パワーをもたらします。
私たちは、
幸せになるために
生まれてきたのです。

おわりに

Epilogue

最後までお読みいただき、ありがとうございました。

過去世の記憶が残っている。そう教えてくれたネイティブアメリカンのシャーマンから
「光を起こしなさい」と言われて13年。
私は、神様を写す＝神写を通じて自分の魂の歴史と使命と光の世界を知ることができました。
ぐっすりと眠っていた私の魂を、神写が目覚めの方向へと導いてくれたのです。
そして今年。私は目覚めを選択し、この本の出版が実現しました。

パワースポットやパワーストーンなど、
さまざまなスピリチュアルブームがありましたね。
今まで皆様も、すべて無意識下で目覚めへの準備をしていたのだと思います。
誰もが、愛と調和の5次元へ地球をシフトする神様と同じ仲間ですから。

「聖地」に行けば、たしかに神様とつながりやすくなります。
けれども、目覚める人が増え、
アセンションが進んだことで地球の波動が上がりつつある今は、
わざわざどこか遠くへ行かなくても「今いる場所」で神様とつながりやすくなりました。
それを伝えたくて本書では、繁華街や住宅街など「そこらへん」の風景のなかに
神様が写っている写真をたくさん掲載しました。
と同時に「神様は写真に写る」「誰にでも写せる」「家の窓からでもつながれる」ことも、

神写作品を通してお伝えできたのでは、と思っています。
見上げれば、いつでもそこにある空。空は、いつでも宇宙とつながっています。
そのことを意識すると、もっと簡単につながりやすくなりますよ。
神様とつながるために、特別な条件などないのです。

これまで「奇跡」と言われていたことが「当たり前」になっていきます。

神写をすると、ご縁のある神様がメッセージを伝えようと写ります。
メッセージの解釈はできる人、できない人がいます。でも大丈夫。
メッセージがわかる人に出会えたり、自分でなんとなくわかる日が来ます。
自分の感覚を、信じてください。そして神様たちは、いつも近くで見守ってくれていること、
自分は一人ではないこと、自分自身に「光」があることを感じてください。
最後にこの書籍の出版にあたり日本文芸社の皆様、鈴木彩乃様、
鈴木あり様、あんバターオフィス様、及び、関係者の皆様に感謝いたします。

5次元の美しい地球で、一緒に神写しましょ。

スターシードの写真家
小原里美

著者 小原里美

スターシードの写真家。1975年生まれ。中学生時代、UFOを見たことをきっかけに写真を始める。東京ビジュアルアーツにて森山大道氏に師事、1996年卒業。写真新世紀で佳作、奨励賞を受賞、コニカフォト・プレミオ入賞。個展で作品を発表する一方、2008年から森山大道氏の活動を記録している。写真集に2010年『Ahe'hee』(ビートル)、2013年『SWEDEN』(蒼穹舎)。2017年には、INFLUENCEとコラボしたグラフィックTシャツがSHIPSで販売される。2009年から神様たちを写真に写す、神写が撮影できるようになり、子どものときから鳳凰が一緒にいたことを知る。2014年には目覚め体験をする。すべてが愛と知り、宇宙船内の記憶を思い出す。2019年から神写作品を天界写真「Heavenly world」として自身のHPやブログなどで発信している。

ウェブサイト https://obara-satomi.amebaownd.com/
ブログ http://ameblo.jp/obara-satomi/
フェイスブック https://www.facebook.com/satomi.obara3333/

空《そら》の奇跡《きせき》を写《うつ》す
はじめての神《かみ》写《しゃ》

2020年9月20日 第1刷発行

著者 小《お》原《ばら》里《さと》美《み》

発行者 吉田芳史

印刷・製本所 図書印刷株式会社

発行所 株式会社日本文芸社

〒135-0001 東京都江東区毛利2-10-18 OCMビル
☎03-5638-1660(代表)

Printed in Japan
112200911-112200911 Ⓝ 01(160032)
ISBN978-4-537-21829-9

編集担当:河合

ブックデザイン
あんバターオフィス

イラスト
鈴木あり

校正
玄冬書林

編集協力
鈴木彩乃